唤醒孩子的多元智能

[法] 布鲁诺·乌尔斯特
[法] 阿尔巴纳·德博勒佩尔 著

[法] 吉莱姆 绘

孙承辉 译

江苏凤凰文艺出版社
JIANGSU PHOENIX LITERATURE AND ART PUBLISHING

图书在版编目（CIP）数据

唤醒孩子的多元智能 / (法) 布鲁诺·乌尔斯特，(法) 阿尔巴纳·德博勒佩尔著；(法) 吉莱姆绘；孙承辉译. -- 南京：江苏凤凰文艺出版社，2021.5

ISBN 978-7-5594-5645-8

Ⅰ. ①唤… Ⅱ. ①布… ②阿… ③吉… ④孙… Ⅲ. ①智力开发－学前教育－教学参考资料 Ⅳ. ①G613

中国版本图书馆CIP数据核字（2021）第023484号

江苏省版权局著作权合同登记：图字：10-2021-69号

Originally published in France as:
Title : Éveiller les intelligences multiples de son enfant
Author: Bruno Hourst, Albane de Beaurepaire
Illustrator : Jilème
ISBN: 978-2-401-05092-1

唤醒孩子的多元智能

［法］布鲁诺·乌尔斯特　阿尔巴纳·德博勒佩尔　著
［法］吉莱姆　绘　　孙承辉　译

责任编辑　孙金荣
策划编辑　杨涵丽
特约编辑　郑嘉期
责任校对　杨芳云
出版统筹　孙小野
版权支持　张晓阳
出版发行　江苏凤凰文艺出版社
　　　　　南京市中央路165号，邮编：210009
网　　址　http://www.jswenyi.com
印　　刷　雅迪云印（天津）科技有限公司
开　　本　880毫米×1230毫米　1/32
印　　张　8.75
字　　数　200千字
版　　次　2021年5月第1版
印　　次　2021年5月第1次印刷
书　　号　ISBN 978-7-5594-5645-8
定　　价　58.00元

江苏凤凰文艺版图书凡印刷、装订错误，可向出版社调换，联系电话025-83280257

目录
CONTENTS

第五章 培养孩子多元智能的活动建议

译者序

唤醒的力量

古希腊伟大的哲学家苏格拉底的父亲是一位雕刻师。苏格拉底小的时候，有一次见父亲正在雕刻一只石狮子，他观察了好一阵子，突然问父亲："怎样才能成为一名好的雕刻师呢？"

父亲回答说："就以这只石狮子来说吧，我并不是在雕刻这只石狮子，我是在唤醒它！"

"唤醒？"

"因为狮子本来就沉睡在石块中，我只是把它从石头监牢里解救出来而已。"

"唤醒"，多么富有启迪意义的教育箴言！其实，孩子的多元智能就像是沉睡在石块里面的狮子，而能够唤醒它的雕刻家，正是孩子人生中的第一任老师——家长。

《唤醒孩子的多元智能》是送给0—6岁孩子家长的一份礼物。作为一个3岁孩子的妈妈，我很庆幸自己成了它的读者，在漫漫育儿路上，感到自己多了一分底气；更庆幸自己成了它的译者，能够把这本有趣的书分享给更多年轻的爸爸妈妈们。

法国作者布鲁诺·乌尔斯特和阿尔巴纳·德博勒佩尔的这本书紧紧围绕着“多元智能”理论展开。这项理论是20世纪80年代，美国著名的心理学家、哈佛大学教授霍华德·加德纳提出来的。三十多年来，它已经被广泛应用于欧美国家和亚洲许多国家的幼儿教育中，并获得了极大的成功。视觉—空间智能，音乐—节奏智能，身体—动觉智能，言语—语言智能，逻辑—数理智能，交往—交流智能，自知—自省智能，自然观察智能，八种智能，八个不同的世界，等待着孩子去探索和发现。

加德纳认为，我们每个人从出生起，就拥有了八种不同形式的智能，它们是上天赐予我们的礼物，它们的发展也将伴随我们的一生。所以，每个孩子生来都自带一个“宝藏盒子”，其中蕴藏着无穷无尽的潜能，等待着我们去发掘；而每一个“宝藏盒子”又是各不相同的，需要我们悉心呵护。法国作家和教育思想家蒙田说：“世上没有两根头发是一样的，没有两颗谷粒是一样的，也没有两种观点是一样的，世界最大的特点就是多样化。”世界最大的魅力也正在于它的多样化，我们每一个人都是独立而又不同的个体。所有的孩子来到世界上，都是独一无二的，他的八种智能也是独一无二的。孩子将来能够成长为什么样的人，很大程度上取决于他的多元智能得到了怎样的培养和开发。所以，作为孩子多元智能“唤醒者”的我们，实在是任重而道远。

这本书的开篇故事，就已经深深地吸引并打动了我。这是一个引人入胜的“法式”仙女童话，它把多元智能比喻为仙女送给人间每一个新生儿的礼物——一束由八朵小花组成的“智能花束”。孩子的“智能花束”从和谐生长到美丽绽放，每一个阶段都离不开“园丁”的悉心照料、培育和浇灌。令人遗憾的是，越来越多的人无视或漠视了这份仙女馈赠给人间的珍贵礼物，一些“花束”的发展违背了自然规律，一些“智能之花”开始变得苍白、枯萎。怎样善待并科学地培育孩子的“智能花束”，才能让每一朵花都自由地绽放呢？这是值得每一位家长了解、深思并探索的课题。如果你和我一样，也是一位新手妈妈，那么，在这本书里，你可以找到满满的理论“干货”和实践建议。

作者用生动丰富的语言和许多鲜活的例子，带我们认识和了解人的八种智能、各种智能的表现形式以及影响它们发展的不同因素；指导家长们定位好自己的教育者角色，换一种眼光看孩子，观察并了解自己和孩子的多元智能，发现自己的优势智能和弱势智能，也了解孩子的长处和不足，如此，既能在教育孩子的过程中做到从容自如、有的放矢，又能督促自己不断学习，和孩子共同成长、进步。从理论到实践，作者给年轻的家长们提供了许多宝贵的建议和参考，帮助家长们利用生活中的点滴，为孩子创造出一个最适于多元智能发展的环境，比如：什么样的环境能够激发孩子的阅读和书写兴趣，怎样培养孩子的逻辑和推理能力，哪些游戏和玩具值得推广，哪些应该摒弃，从胎教直到孩子长大，家长应该为孩子营造一个什么样的声音环境，哪些场所和场合适于培养孩子的多元智能，等等。

在书的最后一个部分，作者从“多元智能”的视角出发，为家长们提供了许多具体的活动建议。这些活动丰富有趣，易于操作，家长既可以建议和指导孩子自己玩，也可以和孩子一起玩，共享美好的亲子时光。针对每一项活动，作者都详细地向我们介绍了这项活动是如何动用到孩子的哪些智能，具体应该怎样操作，活动过程中可能会遇到哪些问题，应该如何解决，等等。读者们会惊喜地发现，一张简简单单的报纸，就可以成为培养孩子多元智能的绝佳素材，可以有这么多的用处和玩法，更别提家里的旧衣服、碎布料、各种用完的瓶瓶罐罐了。相信你和我一样，读后会恍然大悟，原来，教育孩子可以采用这么丰富多彩的活动形式，甚至可以足不出户，甚至不需要什么经济成本，就能使孩子的多元智能得到全面的开发和锻炼！

翻译这本书的时候，正值新型冠状病毒肺炎来势汹汹，国家的公共卫生面临着前所未有的巨大挑战，我们进入了居家隔离状态。原本爱蹦爱跳、喜欢户外活动的孩子们，也都被迫足不出户。

年轻的爸爸妈妈们纷纷互相发问，在家带娃，有什么好的游戏和活动建议吗？这本书里就有我们想要的答案！

这是一本能够帮助你减轻育儿焦虑的书。如今，人们的物质生活日益丰富，消费水平不断提升，面对各种各样的早教机构、五花八门的玩具和益智游戏、令人眼花缭乱的国内外儿童图书，你能够保持冷静，做出理智的选择吗？你也会和我一样，时不时地陷入选择恐惧吗？你也会焦虑于“大家好像都买了这个东西，我要不要给自己的孩子买”吗？如果有，那么，这本书可以平息你的焦虑，让你回归到理性的状态，更加清楚地知道自己需要什么，不需要什么，什么样的环境、什么样的玩具、什么样的游戏最有利于孩子的成长和智能发育。

这是一本能够帮助你“省大钱”的书。读完这本书，你会欣喜地发现，正如许多最珍贵的东西是免费的一样，许多宝贵的教育资源也都是免费的，或者只需要很小很小的成本！打包比萨时问老板多要的空盒子，家里的卫生纸卷筒、鸡蛋盒、空咖啡罐、筷子筒、牙签、旧报纸、旧杂志……统统都是绝佳的教育素材！而且，不同于国内很多家长的观念：一切都要给孩子买最好的、最新的，本书的作者，还有许许多多的普通法国家长，都非常提倡买“二手货”，很多东西都可以通过各种途径去“淘”一些旧货，很多东西也都可以回收利用。最好的教育真的不需要投入那么多的经济成本。

这是一本能够给你带来无尽灵感的书。相信作者在本书的最后一部分提出的种种活动建议，一定能够拓宽你的视野，打开你的思路，让你产生源源不断的活动创意。你可以根据自己周边的环境、现有的资源，孩子的年龄特点、兴趣爱好等等，对这些活动加以改造和优化，也可以把几个不同的活动组合起来，创造更多的乐趣；你可以自己，或者和孩子共同设计一些新的活动，共同制定新的游戏规则，一起动手准备材料，共同参与到活动中。不管在孩子身上还是在你自己身上，或许你都会有意外的收获和发现。得益于这本书，在居家隔离期间，我和孩子进行了各种各样的游戏和互动，给了孩子前所未有的高质量陪伴，一家人共度了一段特殊的亲子时光。

愿你也能早日打开这本书，发现其中的奥妙。

愿我们的世界越来越好。

孙承辉
2020 年 4 月
于青岛

序言

记一次仙女集会

不久前，我跟我的一位仙女朋友在天堂路的一家小餐馆共进午餐。我们先是聊了聊彼此的近况，中间聊到在我们这个世界上，越来越多的人不再相信仙女的存在了。于是，这位朋友向我讲述了她最近在布劳赛良德森林[1]的林中空地上参加的一次仙女集会。她说，这次集会的过程吵吵闹闹，其中王后愤怒的一幕给她留下了深刻的印象：

当时，我们正小声地闲谈，等待着集会的开始，这时，王后出现在了空地上，她看起来脸色不太好……

王后刚一入座，就开口了：

“仙女们，大家都知道，在人间，我们有许许多多的任务。虽然有些人一旦长大了就不再相信我们的存在，但是大家应该都清楚，

1 布劳赛良德森林：位于法国布列塔尼大区的潘蓬市附近，在这里流传着魔法师梅林和仙女维维安的传说。（本书中的注释如无特别说明，均为译者注。）

对所有的小孩子来说，我们扮演着多么重要的角色呀。如果在入睡前没有我们的故事，那孩子们可怎么长大呢？如果没有我们，晚上当爸爸妈妈讲完故事，离开孩子们的房间后，谁来帮他们赶走那各种各样的怪兽呢？

“正如你们所知，我们仙女还有一个世人不太知道的重要任务，那就是给人间每一个新出生的小婴儿送上一束花。（**王后十分专业地打了个响指，启动了一台投影仪。一片云彩立刻变成了屏幕的形状，屏幕上出现了一幅图片 <图 1>。**）

“大家请看，这幅图片呈现的就是这个令人感动的仪式。你们当中的一位仙女——这时应该称她为教母，正在把这一束小小的‘智能之花’交给一个刚刚出生的婴儿。所有的小孩，不论男孩还是女孩，不论皮肤的颜色如何，也不论他出生在哪里，都能得到这样的一束花。大家都知道，这束花由八朵小花组成，分别代表着人的八种智能，它们会慢慢地生长、发育、绽放。从图片上大家可以看到，这个婴儿把手伸向了他的

图1

花束，这是一种自然的本能，因为这束‘智能之花’对他的成长和发育是不可或缺的。

“以后的日子里，就由孩子的父母，再后来是老师，负责浇灌这八朵小花，让整捧花束和谐地生长。(**王后打了个响指，第二幅图片出现了 < 图 2>。**) 看，这是一位妈妈在日常生活中的场景，她正在挑选素材，培养孩子在声音、语言、逻辑、数字、图像、运动、情绪和自然观察等方面的能力。这个过程看起来很完美，在我看来，从来没有人质疑过我们仙女被赋予的这项神圣的任务。

“可是，就在不久之前，我突然想去人间看一看，人们是怎样接受和使用这份礼物的。仙女们，我不想隐瞒你们，我们的处境开始变得艰难了。我们不得不面对这样一个现实：越来越多的人开始漠视我们的存在，同时我们还面临着各个方面的竞争。到目前为止，我们一直都在慷慨地付出，把给予当作唯一的快乐，可是，时代已经变了。现在，我们也要承担责任，要密切注意资本的流动，关注我们的付出得到了多少回报。

图2

“所以，我做了一个小小的调查，结果令我大吃一惊：有一些‘智能之花’已经出现了畸变，违背了常规发展。我又去了许多不同的地方，不同的国家。我感到十分震惊，但却不得不面对这个事实：对大多数人来说——不管是小孩还是大人，这个结果都是那么可悲！几乎在每一个花束当中,都有一些‘智能之花’变得干枯、苍白，没有得到良好的培育。

“看看这个吧！（**王后打了个响指，第三幅图片出现了 <图 3>。**）这是一个普通成年人的花束。这个人曾经是一个调皮、天分极佳的孩子，可是你们看看他现在的样子，他甚至连鬼脸都不会做了！对此他既不惊讶，也不生气，他用微笑接受了自己的平庸，就好像这是再正常不过的事情！仙女们，你们意识到问题的严重性了吗？我甚至还发现一些人为他们那可怜的花束自豪，甚至指着那些没有发育好的花朵，说这是因为他们不喜欢量子物理学，也不喜欢印度音乐！（**所有的仙女都惊呆了。**）

“如果是这样，那么我将会取消这份礼物！以后再也不会有‘智能之花’了，就让人类自生自灭吧！”

图3

我的仙女朋友描述着当时的情景，讲到王后的愤怒，她也跟着愤愤不平起来。直到服务员端来了一道餐厅的特色甜品——南瓜挞，她才稍微平静了一点。随后，她接着讲了下去：

当时，我们很难让我们敬爱的王后冷静下来，于是我们就试着一起去弄明白，事情为什么会变成这个样子。

一个仙女谈起了家庭环境的影响。她说："如果莫扎特不是从小受到音乐熏陶，如果他没有一位出色的音乐家和教育家父亲，他能创作出《魔笛》吗？"

"别忘了，当初我可没少帮助他呢。"角落里有一个仙女小声地说。

另外一个仙女提出了几个关键的问题："如果家长自己的智能花束都没有长好，那么他能帮助孩子的花束获得和谐的发展吗？一旦孩子们走出学校，他们的'智能之花'就停止生长了吗？有谁关注过孩子的家长和成年人的花束吗？为什么不能继续培养它，让它保持终生的发展呢？为什么一些人类要试图阻止其中几朵花的生长呢？"还有一位仙女提到了学校，在那里，人们只注重培养八朵"智能之花"中的两朵。

这时，仙女梅留辛娜要求发言。她直截了当地说："如果孩子的家长和身边的大人总是做一些违背他们智能发展的事，那我们怎么能指望他们的每一朵‘智能之花’都得到发展呢？就以电子屏幕的使用为例吧：现在，有一些家长从孩子那收回了仙女送给他们的花束，而用一部智能手机来替代！打从孩子出生开始，这些家长就把孩子放到电子屏幕前，或者让孩子看那些声称可以让他们变聪明的视频。大家都知道，这对孩子的生长发育将会造成怎样的伤害。

“我还以为自己是在做梦呢！你们总说，要给孩子提供不同的养料，来浇灌他们的‘智能之花’，培养他们在声音、语言、逻辑等方面的能力。而现在，你们给孩子提供的是碳酸饮料和工业化的食物！你们怎么还能指望他们的‘智能之花’健康成长呢？！现在，需要引起我们关注的应该是孩子的家长和身边的大人！”说完，仙女梅留辛娜坐回了她的座位，心头的怒火依然在燃烧。

就这样，讨论持续了整整一夜。因为慢慢地，所有的仙女都意识到了问题的严重性。第二天一早，当晨曦仙女用玫瑰色手指拉开那厚厚的、黑黑的、挂满星星的夜幕时，王后总结道：

“好啦，我们已经意识到了一场灾难的来临，但或许现在发现还不算晚。仙女们，现在，就让我们行动起来吧！当我们把‘智能之花’送给孩子们以后，我们还有一项重要的职责要完成，我们必须马上投入行动。以下是我的建议。”（**王后打了个响指，屏幕上出现了几句话<如下>。**）

- 从每一个孩子出生起，确保他们的智能花束和谐生长，并定期用必需的八种养料来浇灌这八朵花。
- 向家长们传授一些促进孩子的智能全面发展的方法。（我的仙女朋友笑着说，为此，王后建议给布鲁诺·乌尔斯特和阿尔巴纳·德博勒佩尔托梦，让他们为家长朋友们写一本书，并让吉莱姆为这本书配图。）
- 拒绝大人以一些令人难以接受的借口来解释自己的智能花束没有得到和谐生长的缘由，比如“我没有任何音乐天分，这是因为我妈妈在音乐方面也没什么才华”。
- 努力让所有的家长、老师，甚至是所有的成年人，不再放任自己的某几种智能一直沉睡下去，而是鼓励他们在一生当中都努力发展自己的所有智能。
- 重视梦想的作用，让教育家和老师换一种方式来教育孩子，让他们利用梦想来帮助孩子，使每一种智能都得到和谐的发展。

“就这样，王后结束了这次会议。”我的仙女朋友总结说。

“碧格尔，你还有工作要做呢。你的魔杖要真正开始起作用啦。”

“我的朋友，当仙女的好处就是，我们有一些隐藏的魔力，可以发挥很大的作用……”

献给作为教育家的家长

成为一名家长，既意味着喜悦，也意味着艰难。这绝对不是一个容易扮演的角色！但它却是一个丰富自我和与孩子相互成长的过程，这个过程打从你的孩子降生那一刻就开始了——甚至还要开始得更早。我们不是生而为家长的，伴随着第一个孩子的到来，我们才成为家长。

家长，首先应该是一个“教育家”。从词源上来说，家长的意义是“陪伴孩子的人”——陪伴孩子走过人生的路。养育孩子的路是一条充满温情的路，它需要时间、付出和耐心。教育孩子绝对不是一天两天的事情，这个过程中有起有落，有欢欣有阻碍，有明朗也有困惑。就这样，家长和孩子之间这种独一无二的亲子关系一天一天地建立起来，在这个过程中，孩子慢慢地长大，家长也逐渐地成长着。教育孩子，是每一位家长都应该认真对待的事情。

你的孩子是从什么时候开始学习的?

孩子快要入学时，妈妈常常会告诉孩子学校有多好：“在学校，你可以学到很多很多的东西哦！”说实话，难道孩子在入学之前就没有真正地学习过吗?

当然不是了。其实，在你不知不觉间，孩子已经领会了许许多多的知识：数学知识、基本的物理概念、社交常识、语言表达的细微差别、音乐和形体艺术，还有很多……事实上，这时候的孩子已经掌握了许多小学阶段才会正式开始学习的内容，它们甚至比在学校里学到的内容还要丰富。

几个例子

通过搭积木，孩子能学到一些数学知识，比如学会数数（数出搭建自己想要的模型需要几块积木），了解一些几何概念（不同的积木有不同的形状，几块积木拼在一起还能组成新的形状），理解重力和平衡的原理（怎样才能不让积木歪倒）。

通过洗澡和在小泳池里行走，孩子会发现一些物理概念：哪些东西会漂浮，哪些东西会流动，不同的物体有不同的体积。

通过同周围的小朋友和大人进行互动和交流，孩子能不断地获得一些社交技巧和语言能力。

不过，要想让孩子学到更多的知识，还需要你们，家长朋友们，为孩子创造一些学习的机会。这其实并不是什么难事，它可以渗透到我们每天点滴的日常生活中，不受任何的限制，而且不需要花太多的钱。甚至，你给孩子买的玩具和昂贵用品越少，越能创造出更有利于孩子智能发展的学习机会——本书将教你实现这一点。我们可以听一听美国学者埃里克·詹森的建议：“孩子在五岁之前都不需要电池驱动的玩具。”如果听从了这个建议，那么很快你将省下一大笔费用！

开启你的探险之旅！

在我们这个看似越来越难以掌控、充满着未知灾难的世界上，决定养育一个（或几个）孩子，并让他（们）和谐地成长，是人生的一场赌注，也是希望。没有人能够预知未来，也很少有人能够改变世界的进程。但是，我们可以努力让我们的孩子在未来成为一个理性的、有责任感的人，为人类的发展做出积极的贡献。要达到这个目的，孩子们需要的是你们的帮助，家长朋友们！

“聪明”意味着什么？

在本书中，我们将对智力和智能进行探讨。成为一个“聪明的人”，意味着什么呢？这个问题自古以来就困扰着无数的哲学家和神学家，后来，一些心理学家、神经学家和许多其他学者也加入了这一研究队伍。达·芬奇的智力怎么样？为什么一些智商很高的人在我们看来有些傻傻的？智力在人类六岁之前能发挥作用吗？智能只有一种形式，还是有多种不同的形式？人的智力是天生的还是后天可以训练的？智力与文化有没有关系？智力可以进行测量吗？如果可以的话，具体应该怎样测量呢？

还有一个问题，一直困扰着很多的家长：只有在学校里取得好

成绩的孩子才能称为“聪明的孩子”吗？一些孩子成绩优异的家长会说：“那当然啦！孩子有一个好的学历，将来才能找到好工作呀。”另一些家长会说：“当然不是了！”他们会举出很多知名或不知名的人的例子，这些人的求学之路都很艰辛，最后却走上了成功的道路，有些人甚至还取得了十分辉煌的成就，比如牛顿、列夫·托尔斯泰、丘吉尔、爱迪生、乔治·巴森[1]、爱因斯坦，等等。大家知道吗？如果从我们今天的角度来看，爱因斯坦也许会被认为有认知缺陷。他的父母认为他“勉强算是个正常孩子”，他的一位老师形容他“反应迟钝”，因为他极不合群，总是沉迷在自己痴痴的梦想中……

1 乔治·巴森：法国歌唱家、作曲家、诗人，最伟大的法国香颂歌手之一。

聪明有多种不同的表现形式

那么，应该怎样定义一个“聪明的人”呢？通常，我们所说的“聪明人”往往是一天可以读三本书、被各种学位的光环所包围的人。可是，只有这样才算是真正的聪明吗？如果我们把一些大家公认比较聪明的人拿来比较，那么莎士比亚和爱因斯坦、莫扎特和毕加索、居里夫人和甘地、齐达内和达尔文、勒·柯布西耶[1]和弗朗索瓦·密特朗[2]，他们相互之间究竟有什么共同点呢？在所有这些人身上，我们似乎很难找到一个共同点。如果非要找出一些相似的地方，或许我们可以这样说：

智力与环境因素，特别是文化背景有关：澳大利亚土著、非洲的巫医、日本的经纪人、欧洲的技术员，都是在他们所处的文化背景下发展他们的智能的。

聪明有许多不同的表现形式：运动员、艺术家、音乐家、老板、神学家、参议员、销售员、小学教师、机械师、建筑师……各行各业的人，各有各的聪明。

一些人可能在某一个领域表现出超群的智慧，在另一个领域却表现平平。

1 勒·柯布西耶：法国建筑师，20 世纪最著名的建筑大师、城市规划家和作家，是现代主义建筑的主要倡导者。

2 弗朗索瓦·密特朗：法国已故总统，1981—1995 年在任。

人的智力似乎不能通过一个固定的测试、一个数值或一个学位的获得来确定。

八个世界，八种形式的智能

你有没有问过自己这样一个问题：孩子的“聪明”是通过哪些不同的形式表现出来的？我们以孩子在家庭生活中的几个日常场景为例。

你喊儿子吃饭的时候，他沉浸在一本书里，好像没有听到你在叫他。

你的女儿似乎不太听话，因为不管你让她干什么，她总要问一句“为什么”。

你的侄女画了很多幅画，但她自己也不知道画的是什么。

你的儿子总是低声唱小曲，还喜欢让他身边的所有东西发出各种声响。

你的侄子总是想触摸各种东西，还喜欢自己制作东西。

你的儿子总是沉迷于玩猫，不喜欢学习。

你的女儿总是想打断你说话，因为她想知道你对她的观点有什么想法，想和你进行讨论。

你的另一个女儿最喜欢一个人待着，她不关心你的评论和观

点，看起来总是心不在焉。

简单来说，我们可以认为孩子的这些行为——当然还有许多其他的行为——都是某一种智能的特别的表现形式，每一种智能都与一个特定的世界有关。

由此我们认为，每一个孩子从出生那一刻开始，都会慢慢地探索发现八个不同的世界：

语言的世界：他会重复身边大人的话，他比你还要熟悉儿歌的歌词，他会对着你叽里呱啦说一大堆（很多时候你都听不懂他在说什么，不过这又有什么关系呢）。

声音的世界：他会用嘴巴发出声音，滔滔不绝地说话，哼唱歌曲，试着吹口哨，学唱他听到的儿歌或歌曲，尝试用自己的小勺在桌子上敲打出节奏；他很早就能分清爸爸妈妈和兄弟姐妹不同的声音。

图像的世界：他刚刚能拿住粉笔或彩色铅笔就开始画画；他被你给他读的绘本上的图画深深地吸引。

身体的世界：他会学着触摸、抓握、堆放、抛掷、移动、站立、骑自行车、抚摸别人和接受别人的抚摸、在客厅的瓷砖地上穿着袜子滑行。

自然的世界：他被小动物所吸引，愿意去探索树木和各种各样的植物，喜欢收集一些也许在你看来无关紧要的东西，比如一些平平常常的小石头或贝壳。

数学和科学的世界：他会用积木块、乐高或其他东西进行搭建；他在洗澡或游泳的时候会注意到体积的概念；他会不停地问一些问题，想弄清楚事物之间的逻辑关系。

沟通的世界：他想跟你和其他的大人建立关系，他需要有小伙伴跟他一起玩游戏，他会想办法吸引你或说服你。

内在的世界：他会不停地跟他的小人或毛绒玩具说话，他有一些想象中的小伙伴，他跟他们一起生活在令人着迷的探险生活中。

对每一个孩子来说，这些行为都是常见的、自然的。这八个不同的世界分别对应着八种不同的智能。

第一章

八种智能

美国心理学家霍华德·加德纳认为，人的智力不能按照某种规则进行定量的测量，正如智力的概念所描述的：智力是由我们大脑的不同部位所控制的各种能力的综合水平，这些能力相互作用和影响。由此，加德纳提出了多元智能理论，他认为，我们每个人从出生起就拥有八种不同的智能，它们是上天赐予我们的礼物，它们的发展也将伴随着我们的一生。

根据一些具体的标准，在强调所有的智能都具有同等价值的基础上，加德纳把人的八种智能定义为：

- 视觉—空间智能
- 音乐—节奏智能
- 身体—动觉智能
- 言语—语言智能
- 逻辑—数理智能
- 交往—交流智能
- 自知—自省智能
- 自然观察智能

这八种智能相互关联，共同作用，但同时，每一种智能又能相对独立地工作。这些智能的获得并不是一劳永逸的，也不是从我们出生起就预先设定好的。这就好比我们的肌肉，只要我们的肌肉能够不断地获取营养，那么它在我们的一生当中都能得到发展，变得更加结实和强壮。也就是说，环境在人的智能发展，或者说在不同形式的智能发展中扮演着至关重要的角色。而儿童的成长环境，正是由你们——我们的家长朋友来创造的。

就让我们一起来认识一下这八种智能吧。

视觉—空间智能

视觉—空间智能是敏锐的观察力和图形想象力的结合。

视觉—空间智能处于发育阶段的孩子，喜欢玩积木，喜欢用他们手中的一切物品进行搭建，也喜欢拼图；他们能用绘画的方式去创造图形。他们对色彩、形状、空间以及这几者之间的关系表现出一定的敏感。

总的来说，视觉—空间智能发达的人，具有这样的特点：他们能准确地从空间层面感知周围的世界；能轻易地在心里想象出各种图形；热爱一切形式的艺术；可以毫不费力地看懂各种地图、图表和图解；喜欢整理空间；喜欢以图像的形式进行回忆；有很强的色彩辨别力；需要借助图画帮助自己理解事物。

有以下这些行为的孩子，视觉—空间智能比较发达

他特别关注书里的图片、卡片和插图等视觉化的内容。

他能够非常专注地观察和研究事物，通过观察，他能学到和记住很多东西。

他能轻易地在心里想象出一些图形，可以准确地描述它们，并把它们具体地画下来或搭建出来。

他能很容易地找出自己整理过或见过的物品，能准确地回忆出一幅图画在一本书中的什么位置。

怎样培养孩子的视觉—空间智能

> **童言童语**
>
> 吕卡对怀孕的妈妈说："噢，妈妈，你现在的身材看起来就像一个小写的字母 b！"

尽可能地给孩子提供机会，让他参与到不同的造型艺术中——在本书的最后一个部分，我们将会给出一些实用的建议。这样，孩子就能把自己

在心里想象的图形转化成图画或雕塑。

让孩子观察不同形状的物体（比如房子、商场、汽车、卡车、大树……），并建议他把它们画下来，或者用他最喜欢的积木搭出这些形状。先从最简单的形状开始，然后逐渐过渡到更复杂的结构。

经常让孩子“闭上眼睛，用心去看”。给他提供一个物品、一个故事里的人物或一个现实中他认识的人，让他尽可能详细地向你描述。对于物体，可以描述它的形状、颜色、大小、特征；对于故事人物或现实生活中的人，可以描述他的穿着、头发的颜色或特别的行为。

当孩子学习数字、字母、单词、音符，以及将来在学校学习功课的时候，让他描述自己在头脑中看到了什么，然后鼓励他把自己看到的内容画下来。

视觉—空间智能与色彩的运用有关。在孩子学习单词拼写的时候，可以建议他把几个特殊的字母涂成特殊的颜色（比如“libellule”[1]

1 libellule：法语单词，意为“蜻蜓”，本书中涉及的许多语言学习方法都是以法语为例的。

这个单词中的字母“l”)，这样孩子就能更容易、更准确地记住单词的拼写。等孩子将来上学后，你可以告诉他使用不同颜色的荧光笔做记号的好处（当然啦，不可以过度使用），比如可以更加清晰地呈现出知识点的主要内容、因果关系、修饰性的形容词和其他内容。

几种不同智能的有益结合

如果一个孩子能把视觉—空间智能和身体—动觉智能很好地结合在一起，那么他很可能有良好的手眼协调能力。他可以自己动手设计一些小玩意儿，看到一个姿势（比如体育运动姿势）以后能够准确地把它再现出来，或者把要学习的课文通过舞台剧和话剧的形式表演出来。再结合逻辑—数理智能的作用，孩子可能会喜欢拆卸和重新安装东西。

视觉—空间智能和逻辑—数理智能的结合让几何的学习和应用变得更加容易，从认识简单的形状（比如正方形和圆形）到解决复杂的几何问题。这两种智能的结合使孩子能够提出假设和问题，比方说，“如果……会怎么样呢？”这正是科学研究方法的基础。

视觉—空间智能和音乐—节奏智能的结合使得孩子在听一段

音乐时，能够在脑海中“看”到一些画面，他能够描绘或者画出这些画面，从而强化他对音乐的情感体会。

音乐—节奏智能

音乐—节奏智能既包括对各种声音（比如音乐、环境和自然中的声音、人和动物的声音等）的敏感度，又包括对声音、节奏和音乐的情感方面的敏感度。音乐—节奏智能处于发育阶段的孩子喜欢唱歌，哼小曲，更改熟悉的歌曲的歌词，用手里的东西发出各种声响。

据观察，孩子从很小的时候（6 个月开始）就已经有了音乐—节奏智能。总的来说，音乐—节奏智能发达的人，具有这样的特点：他们经常哼唱

童言童语

劳拉从来没学过钢琴，她在琴键上胡乱地弹着，对正在看着她的妈妈说：“妈妈你听，这是它在哭呢。”

歌曲，喜欢用脚在地面上敲打出节奏，只要有一点点的节奏就开始跳舞；他们喜欢唱歌，能弹奏一种乐器；他们对音乐所表达的情感、人和动物发出的声音和节奏都表现出一定的敏感；他们能轻易地学会一门外语的语音语调。

有以下这些行为的孩子，音乐—节奏智能比较发达

他喜欢发出声音。小的时候，他喜欢敲打盘子、锅以及所有能发出声音的东西（这可能会令大人感到恼火）。长大以后，他喜欢哼小曲、吹口哨或根据自己想到的内容随时编唱歌曲。

他能让一切东西都回归到节奏和旋律上：一句话、一个物品或一件事情，都能让他想到一首歌或一首曲子。

他喜欢听音乐：他发自内心地热爱音乐，常常会不自觉地谈到音乐。通常，只要是他听过的音乐，等他再次听到的时候，很容易就能辨别出来。

等到他能控制自己的声音了，就喜欢跟爸爸妈妈或兄弟姐妹一起唱歌。同时，他还想尝试演奏乐器，他会选择自己最喜欢的乐器类型。

通常，他有很好的听力，能准确地唱出歌曲。另外，除了演奏乐器外，他还希望能加入合唱团。

他会创造性地运用自己的音乐才能，比如在家里组织舞蹈或戏剧演出，把它们以音乐的方式呈现出来，或者是为音乐贺卡配音。

怎样培养孩子的音乐—节奏智能

在孩子活动时，经常（但不要过度）用到音乐。比如当孩子画画时，你可以播放一首特定的曲子，当孩子需要安静时，播放另外一首曲子，当孩子玩积木时，再换一首。你可以先试着这样做，然后问问孩子的感受。你还可以通过音乐给孩子建立一些仪式感，比如在孩子洗澡、吃饭、上床睡觉和听睡前故事时，分别播放不同的音乐。

一些音乐让人有跳舞的冲动，另一些音乐让人想要投入妈妈的怀抱，索要一个温柔的抚摸。要留意你为孩子所选择的音乐类型，以及这些音乐对孩子的行为产生了什么影响。同时，也要让孩子学会在该安静的时候保持安静。

摇篮曲、儿歌和童谣启蒙，越早越好。家长要尽可能自己为孩子唱，而不要播放录音。

运用音乐节奏帮孩子记住一些东西。《莫扎特字母歌》就是一个很好的例子，孩子可以通过音乐的形式记住字母。同样的方法还可以用在九九乘法表、国家名称的学习中，等孩子上了学，还可以运用到各科的学习当中。你可以上网去查找一些相关的资料，也可以教孩子自己编歌来帮助记忆。

教会孩子怎样更改一首歌曲的歌词，把歌词换成自己需要记忆的内容。这样，等孩子进入学校后，他就可以运用这个技巧记住很多的功课内容。

运用发声的形式帮助孩子记忆单词拼写。比如你可以建议孩子大声地读出单词中的每一个字母，不过对那些特殊的、难记的字母，可以用一种特别的方法去读（比如小声地读、大声地读或者用惊讶的语气读）。

尽可能给孩子创造更多的机会，让他去探索音乐的世界。比如，可以带他去听音乐会，让他听不同风格的音乐，好好利用与从事音乐行业的人见面的机会，鼓励他学习一种乐器或加入合唱团。即使孩子长大后并不能继续学习音乐，他学习小提琴或参加合唱团的时光也是一笔积极的投资，丰富和充实了他的人生。

几种不同智能的有益结合

音乐—节奏智能和言语—语言智能的结合可以促进语言的学习。比如《单词歌》可以帮助孩子学会区分几种不同的语言（如果家里有人讲不同的语言的话），还有助于孩子今后学习新的语言。据观察，那些音乐—节奏智能特别发达的人在学习有声调的语言，也就是那些把音调作为一种语言工具的语言时更加得心应手：比如亚洲的一些语言，像是中文和泰语；撒哈拉沙漠南部地区的一些语言，像是巴姆巴拉语；还有一些美洲印第安人的语言，像是纳瓦霍语。

音乐—节奏智能和视觉—空间智能的结合可以帮助人把图像和音乐联系起来。当孩子看电影的时候，你可以让他注意一下音乐和画面的配合，并充分地感受电影表达的情感。这样，等孩子长大了，就能尝试自己拍摄视频，还会懂得怎样在不同的场景中运用不同的音乐来营造最佳的效果。在这个过程中，还需要运用逻辑—数理智能，使画面和声音达到准确的同步。

音乐—节奏智能和身体—动觉智能在舞蹈当中得到了最完美的结合。这两种智能的结合还可以帮助学习单词的拼写或一些数学概念——当然，这还需要加上言语—语言智能或逻辑—数理智能的作用。比如在学习加法的时候，孩子可以有节奏地拍手，然后大声地读出来：2（拍两下手）+2（再拍两下手）=4（拍四下手）。

身体—动觉智能

身体—动觉智能是指准确地协调自己的身体以及通过身体的运动来表达自己的想法和情绪的能力。

身体—动觉智能处于发育阶段的孩子喜欢动手操作，并喜欢通过触摸去感知世界。他们喜欢所有的手工活动，比如搭建模型、做针线活；他们希望参加不同的体育活动，学习手技；他们喜欢表演喜剧，在活动中往往能学得更好；他们欣赏高水平的舞蹈家和运动员、陶艺家、织布工人、电焊工、机械师、电脑修理工、木工、电工、魔术师，所有这些人都深深地吸引着他们。

总的来说，身体—动觉智能发达的人，具有这样的特点：他们能很好地控制自己的身体（比如外科医生和舞蹈家）；他们喜欢触摸，在手工劳动方面表现得十分灵巧；他们喜欢运动或喜剧表演；他们通过动起来获得更好的学习能力，通过做实验更好地理解事物。

有以下这些行为的孩子，身体—动觉智能比较发达

他会动用全身进行学习和思考。他的手总在忙着表达、搭建、写字、触摸、玩耍，他的脚总在忙着敲打、活动或走路。对于他来说，运动跟呼吸同样重要。不过，我们要把通过运动来探索世界的孩子和有多动症倾向的孩子区分开来。对于有多动症的孩子，在带他去接受治疗前，先要尝试去发现引起多动症的不同原因：孩子压力太大，吃糖太多，吃了劣质食品，过多地接触了电子屏幕，对某些物质（比如谷蛋白、工业防腐剂）过敏等。

他能准确地控制自己的身体，熟练地完成一些对于身体运动机能要求比较高的活动，比如体育运动、舞蹈、戏剧、修理或演奏乐器。他能毫不费力地学会骑自行车和踏板车。

他有良好的手眼协调能力，因此可以运用手部最精细的肌肉进行熟练的操作。在针线活、细木工活、模型搭建、烹饪、书写等方面，他的手表现得格外灵巧。

怎样培养孩子的身体—动觉智能

只要大人不强迫孩子，或者不让孩子养成待着不动的习惯，特别是不让孩子一直接触电子屏幕的话，所有的孩子都本能地喜欢利用自己的身体去走、跑、玩耍、涂色、切割……不过，这种爱动的天性并不意味着孩子就一定学会了很好地控制自己的身体。也就是说，“动”不一定等于“发展身体—动觉智能”。这一点在那些身体不太灵活的孩子身上得到了印证：他们不能在所有的情况下都准确地控制自己的身体。所以，我们可以建议这样的孩子多参加一些培养身体控制能力的活动，比如舞蹈、针线活或修理工作。

利用运动来强化孩子的记忆力，可以采用“一个问题 = 一个回答”的方式：找一个球，你把球扔给孩子，同时向他提出一个问题，孩子必须把球扔回给你，同时回答你的问题。在中世纪末期的时候，蒙田就已经开始主张这种学习技巧了！或者，在学习单词拼写的时候，你可以要求孩子每迈出一步，就大声地说出一个字母。稍微大一点的孩子还可以用这个方法去记忆词汇、动词变位[1]或外语中性、数、格的变化。

建议孩子“在空中写字”：让孩子想象自己拿着一支笔，用手（或胳膊肘、鼻子、脚……）在空中“写”出字母和单词，写得越大越好。将来还可以把这个方法用到数学公式、化学公式、图表或复杂程序的学习中。这种写大字的方式还可以是用粉笔在地上写，或者用木棍在沙子上写。这时，如果我们再要求孩子大声地说出自己在写些什么，那么就会同时调动起他的音乐—节奏智能。

让孩子把一个他熟悉的动作（比如刷牙或穿衣服）和他想要记忆的东西（比如加法口诀或乘法口诀表，一首诗，或者是孩子长大后需要记忆的其他更复杂的东西）联系起来。这样，等孩子大一点，他在叠被子、上楼梯或整理橱柜时都能复习功课。

鼓励孩子运用戏剧化和舞台表演的方式进行学习。比如在给孩子解释自然地理学的知识时，你可以利用家里的沙发、靠垫、白色床单……把客厅变成虚拟的高山、山谷和河流！

让孩子自己去发现，我们可以通过触摸和玩耍进行思考和学习。比如彩色的橡皮泥可以变成各种各样的小雕像、字母或数字。

1 动词变位：法语中动词的词形变化。

给孩子一些物件，让他自己去探索、研究或拆卸：这样做特别能够激发孩子的学习动力，具有很好的教育意义。随着孩子不断长大，你可以给他提供一些越来越复杂的物件——当然啦，一定要注意安全性。操作任何物件对孩子来说都是一个发现问题、进行思考和学习的过程，这比长篇大论的语言解释可要有效得多。

身体的掌控和精神的掌控是可以相互关联的。我们建议那些身体—动觉智能比较发达的孩子——当然，其他孩子也可以——做一些针对儿童的简单的瑜伽练习。等孩子入学以后，掌控自己的身体就变得格外重要了：他必须要能够长时间地坐着，听从老师的指令。

孩子有可能大的运动机能比较好，在一些活动中表现得比较熟练（比如玩球或者骑自行车），但在一些对精细运动机能有要求的活动中表现稍有欠缺（比如做针线活），或者相反。所以，家长要建议孩子参加一些形式多样、对大运动机能和精细运动机能都有要求的活动，来培养孩子两方面的运动机能。

几种不同智能的有益结合

身体—动觉智能和视觉—空间智能在舞蹈、戏剧、运动和一些造型艺术中得到了很好的结合，比如绘画、雕塑或拼贴。如果再结合上逻辑—数理智能，就构成了创造和发明所必需的因素，要想成为手工艺人、技师或工程师，都需要良好地运用这几种智能。

要想更好地完成一些团体体育项目，需要把身体—动觉智能和交往—交流智能结合起来。

乐器的演奏需要调动人体所有的八种智能，但特别要求身体—动觉智能和音乐—节奏智能的结合。

言语—语言智能

言语—语言智能是指对所有形式的语言的敏感性，包括写的语言、读的语言和说的语言。

言语—语言智能处于发育阶段的孩子愿意学习新的词语，喜欢展示他们词汇的丰富性，喜欢听笑话和同音异义词，热爱阅读。他们喜欢记忆自己最钟爱的书或绘本里大段的文字或电影对白。对于这样的孩子，我们很早就可以把那些伟大的作家和作品介绍给他们。

总的来说，言语—语言智能发达的人，具有这样的特点：他们喜欢阅读，说话轻松，喜欢讲故事和听故事，喜欢玩文字游戏（比如填字游戏、拼字游戏等）和谐音游戏。大多数学校都比较看重学生的这种智能。如果孩子的言语—语言智能没有发育好，那他很可能会在学校的学习中遇到困难。

有以下这些行为的孩子，言语—语言智能比较发达

童言童语

“爸爸，人家都说‘鸟儿会飞翔’，那我们可以说‘鱼儿会游泳’吗？”

他很早就学会说话，他的语言很丰富，不过他的话大人不一定都能听得懂，因为他能创造出自己的语言。

他从很小就希望学习写字，很轻易就能学会阅读。等到长大一点，他一有空闲时间就喜欢读书，或者是为了学习知识，或者是为了娱乐。

他的词汇量很广，讲话充满自信，也能准确地理解别人的意思。

他用语言进行思考。当他被某个东西所吸引，他会说很多话来表达自己对这个东西的热情。

虽然他很喜欢和别人交谈，但也不是非得有听众才行。他可以一边玩耍、思考或学习，一边自言自语。

他很乐意把自己知道的东西讲给其他的小朋友听，当然，是以

一种非常丰富的语言去转述。

他能娴熟地参与讨论或说服别人，常常消息灵通，也喜欢和别人分享自己的观点和想法。

他特别喜欢文字游戏，喜欢笑话和所有特殊的语言形式。

童言童语

“妈妈，你能让我‘不靠近’[1]桌子吗？”

1 法语中“approcher”这个动词表示“使靠近”，孩子想要表达“使远离”这个意思，于是自己修改了动词“approcher”的前缀，使用表示否定的前缀“dé”创造了一个新词“déprocher”。

他学习除母语之外的外语时毫不费力，能够很容易地记住外语词汇和使用外语。他有很强的语言运用能力。

怎样培养孩子的言语—语言智能

当你的孩子对某个特定的主题表现出兴趣时，你可以鼓励他去读这方面的书，去写，去谈论这个主题——一开始，当孩子还不会自己阅读和写字的时候,你可以充当一下“朗读者”或“代笔”的角色。

为了引起孩子对语言的兴趣，大人可以用丰富的词汇和孩子说话。要不断地教给孩子新的词汇，向他解释两个意思相近的词之间有什么区别。增加他的“听力词汇量”，也就是那些孩子虽然还不会读也不会写，但是能够听懂的词。

在孩子很小的时候就可以开始让他接触书，培养孩子的阅读兴趣，比如晚上准备亲子阅读时光，多带孩子去书店或图书馆。等孩子长大了，就可以开始让他阅读各类读物了：小说、文献、诗歌、百科全书，等等。

等孩子再大一点，上了学，你可以引导他阅读一些课本以外的读物，或者帮助他在网上查找一些资料。

即使孩子还没学会写字，也可以建议他开始记日记或者写故事：他来说，你来写。

利用不同的场合，让孩子接触那些在生活或工作中主要与语言打交道的人（比如记者、老师、读书发烧友……），还有那些擅

长口头表达和辩论的人。

当心，不要让学业上的一些困难（比如单词拼写和学校规定的阅读任务）阻断了孩子和语言世界的联系。要寻找一些特殊的场合，给孩子书写的机会，尽量让孩子带着愉快的心情去阅读。

几种不同智能的有益结合

言语—语言智能可以帮助强化其他所有的智能：因为我们可以阅读关于大自然的书（来强化自然观察智能），关于音乐的书（来强化音乐—节奏智能），关于体育运动或艺术的书（来强化身体—动觉智能和视觉—空间智能），关于科学的书（来强化逻辑—数理智能），或关于自我认知的书（来强化自知—自省智能）。

言语—语言智能和逻辑—数理智能的结合对于清晰地表达自己的观点和进行辩论十分有用。

言语—语言智能可以让人和他人建立联系，因此和交往—交流智能得到了很好的结合。

逻辑—数理智能

逻辑—数理智能是指推理、计算、逻辑演绎能力。很久以来，我们都习惯把逻辑—数理智能发达的人归入“聪明人”的行列。

逻辑—数理智能处于发育阶段的孩子希望任何事情的发生都有自己的理由，试图找出事物的因果关系。他们喜欢猜谜语，喜欢心算。他们会发明一些小玩意儿，能很快地熟悉计算机的操作。他们喜欢看儿童科普类节目，长大后，他们喜欢关注一些科学方面的博客。

总的来说，逻辑—数理智能发达的人，具有这样的特点：他们喜欢作出假设、提出问题和解决问题；他们想弄明白一切事物的理由和因果关系；他们欣赏事物的逻辑结构，喜欢实验；他们对科学抱有热情。

逻辑—数理智能和言语—语言智能一样，是大部分学校比较看重的一种智能。

有以下这些行为的孩子，逻辑—数理智能比较发达

他从很小就表现出推理能力，有时会提出一些令人惊讶的观点。

因为有求知热情，他常常会问这个著名的问题：“为什么……？”

他通常不会害怕探索未知事物和接受新观点。

他会通过提出问题来解决问题，甚至有时会帮助爸爸妈妈考虑他们要作出的决定。

他通过提问进行思考。他对一个东西越是感兴趣，提出的问题就越多。等到上学以后，这种持久的好奇心可能是好事，也可能是坏事，因为老师可能会被他的问题搞得不耐烦。

他对知识有强烈的渴求，并认为自己无所不知。不过，一旦发现自己不知道一些他本以为知道的东西，他立刻会感到紧张。

他希望所有的事情都是有道理的，所以哪怕是日常生活中一些司空见惯的小事，他也会习惯性地问一句“为什么”。这样的孩子对父母的耐性是一个严峻的考验。他真的很想知道你为什么不

童言童语

马克西姆正在沙滩上挖一个大坑：“爸爸，怎么样用方形的铲子挖出圆形的游泳池呢？”

让他在院子里玩球，他为什么要去看望这位阿姨，或者你晚饭为什么要做意大利面。如果你总是回答“因为这个时候不应该这么做”或者“就是这样，没有为什么”，那就有可能会打击他的好奇心。这时，你可以引导孩子自己回答自己提出的问题：“你觉得这是为什么呢？”

他需要思考。如果我们不给他提供一个供他思考的问题，他会感到无聊，于是就会自己寻找一个问题，进行思考和分析。经过长时间的暗中思考，他会突然间非常自然地说出一些出人意料的、不像是从孩子口中能说出来的话。

他会不自觉地对大人提出的所有要求做出反应。比如，如果你对他说：“今天出门时要穿上你的大衣哦！”他立刻就会问：“为什么？”

他喜欢科学，并有自己的一套科学方法：作出假设，通过做实验修正错误，进行预测，分析结果，得出结论，如果需要的话，再对最初的假设进行修改。

如果孩子上学后受到的教育不符合他的思维方式，那么逻辑—数理智能发达的孩子未必在数学上会取得好成绩。比如那些在学校里数学成绩不好的孩子，很多都是出色的国际象棋选手。

在阅读兴趣方面，比起虚构的作品，他通常更喜欢那些能带来具体信息的书。不过，由于他天生喜欢解决问题，他将来很有可能会喜欢那些关于未解之谜的书或者侦探小说。

怎样培养孩子的逻辑—数理智能

逻辑和计算之间有着明显的联系。你可以利用一切机会教孩子学习数字，比如数饼干，学习看表，找零钱。

等孩子大一点，可以教他心算，并把它当成一种游戏。先从简单的加减法开始，然后逐渐增加难度。比如，当你购买一件打折商品的时候，去收银台结账前，可以先让孩子算出商品打折后的价格。给孩子买一些提供简便算法的心算工具书（比如一个两位数乘以 11 的简便算法：把这个两位数的十位数字和个位数字相加，然后把所得的和放在这个两位数之间，比如 36×11=396）。

除了数学和与数字有关的题目，逻辑—数理智能中的“逻辑”方面可以通过多种方式进行锻炼。比如在生活中，让孩子多注意事情的因果关系：“今天外面很冷，需要多穿衣服。”“你找不到从图书馆借来的那本书，是因为你读完以后没有把它放到需要归还的那一摞书里。”“即使我们把烤箱关了，它也需要一些时间才能冷却下来，所以，如果我们不小心一点的话，还是会被烫伤的哦。”

要想让孩子的逻辑智能得到最好的发挥，必须要会提出问题和找到答案。你可以教给孩子一些寻找答案的方法：可以向有能力解答问题的人寻求帮助（比如你或者其他人），可以去图书馆或网上查找资料，也可以花一点时间自己进行思考。

通过问孩子一些类似于“如果……会怎么样”的问题，来培养孩子的逻辑能力。比如你可以这样问他：“如果天上有两个太阳会怎么样？如果大树会说话，它们会说些什么？如果没有汽车，我们该怎么办？如果……？”还有一些以“为什么 / 什么时候 / 怎么样……”开头的问题也能教会孩子科学的思考方法。利用这种方法，孩子会自然而然地进行比较，找出不同，分析信息，发现事物的因果关系。

教孩子从不同的方面提出问题，收集恰当的信息，并寻找解决方法。不过为了保证这个过程的趣味性，可以提出一些开放的、有想象力的假设。比如，在收拾房间时，如果孩子说可以叫有整理房间超能力的外星人来帮忙，那你可以问问他，应该怎样和外星人取得联系，怎样付钱给外星人或者向他们表示感谢，他们从房间的哪个部分开始整理才能最好地完成工作，等等。在这个寻找解决问题方案的过程中，即使是很简单的答案，也要引导孩子自己找出来。在上面的情况下，孩子给出的回答可能是：“我会找到外星人可以降落的地方的”“我会让外星人先整理房间的中间”。

拓展思考的边界。你可以把一个局部的或者个别化的问题延伸成一个更加普遍的、有趣的问题。比如，如果孩子问你“为什么姐姐这么坏”，你可以把他的问题扩大成“为什么会有坏人和好人”，帮助孩子进行思考，引导孩子自己找出问题的答案。

许多孩子说自己不再喜欢问问题了，因为爸爸妈妈和老师的回答常常是“以后你会学到的”，或“你问这个没什么用”，或“因为本来就应该是这样”。这样的回答往往会伤害到孩子，因为大人没有重视孩子的问题，或者轻视了他们的思考方式：孩子之所以提出问题，是因为他对这个话题很好奇，因为他想要了解更多。

几种不同智能的有益结合

逻辑—数理智能可以自然而然地和其他所有的智能联系在一起，比如和言语—语言智能进行结合，能够帮助孩子理解故事的情节变化，将来在学校还可以帮助孩子理解老师的指令；和视觉—空间智能进行结合，可以帮助孩子在空间中辨认方向，或发现几何形状；和自然观察智能进行结合，可以帮助孩子理解植物的生长；和身体—动觉智能结合，可以帮助孩子用积木搭出一座不会倒的塔。

所有的自然科学都是逻辑—数理智能和自然观察智能的结合，比如生物学、植物学、地质学，等等。

哲学思考——从孩子很小就可以培养这一点——把逻辑—数理智能和自知—自省智能结合在了一起。

交往—交流智能

交往—交流智能是指与他人建立关系的能力。它能帮助我们理解、察觉和辨别我们所接触的人的性格、意图、动机和情绪。

交往—交流智能处于发育阶段的孩子会结交许多不同类型的朋友，并维持和他们之间的友谊。他们懂得如何解决小孩子之间的冲突，如果没有了他们，一场生日派对都不会获得真正的成功。他们常常在一堆孩子当中扮演领导者的角色，也很会观察人与人之间的关系。

总的来说，交往—交流智能发达的人，具有这样的特点：他们很容易和别人建立联系，并能很好地与人相处，能够轻易地适应一个团体，并很快和别人打成一片；他们的朋友很多，喜欢群体活动；他们有很好的交流能力，喜欢解决纠纷，扮演调解人的角色。

有以下这些行为的孩子，交往—交流智能比较发达

他对人表现出兴趣，不管是家长、你们整个大家庭里的人，还是他接触的其他大人。

他很容易交到朋友，对于别的孩子来说有一种外人难以理解的吸引力。别的孩子欣赏他，有时是因为觉得他能理解他们，有时是被他天生的魅力所吸引。

童言童语

丽丝正在沙滩上玩："妈妈，我交了一个新朋友！""是吗？在哪里呢？""就是那边那个怀着宝宝的阿姨，我告诉她我妈妈的肚子里也有一个小宝宝，等以后我们三个小孩子就可以一起玩了。"

他通常能跟大人愉快地相处，有时甚至比跟同龄人相处得还要好。

随着他渐渐地发现人的各种不同情绪，他越来越能读懂别人的情绪。他能很容易地猜出一个人是开心、难过还是生气，并能根据对方的情绪做出不同的反应。

随着他慢慢地长大，越来越了解你，他能熟练地掌握你的行事风格，并能根据你的态度想方设法地让你满足他的要求。

在学校，他需要通过和别的孩子进行互动和交流，达到理解、学习、尝试自己的想法、记忆的目的。不过他的这种行为常常被老师认为是扰乱课堂秩序的行为（老师会说："不要讲话了！"）。

怎样培养孩子的交往—交流智能

家长要尽可能地多和孩子沟通交流，不过要注意引导交流的方式，并逐步建立一些规则：

1. 交流必须是相互的，而不是一方说，一方听；

2. 倾听别人讲话时，必须让对方把话说完，而不能打断对方；

3. 即使不同意对方的看法，也要试着去理解对方在说什么。

让孩子逐渐掌握描述人的情绪状态的各种词语，帮助孩子理解别人的行为。比如在给孩子讲故事的时候，你可以在某个恰当的时刻问他:"你觉得大灰狼尴尬/惭愧/愤怒/嫉妒/惊讶/高兴……吗？"或者在超市收银台排队的时候，你可以让孩子描述一下自己此时的情绪，然后再告诉他你的情绪。

教孩子学会"三思而后行"。他要学会控制自己与别人交流的热情，不能总是不假思索地侃侃而谈，也不能一直打断别人的谈话。一个人和他周围的人交流的质量取决于他的自制能力。如果孩子学不会控制自己说话的话，那么他有可能会不断地受到别人的粗暴对待，别人会要求他闭嘴——特别是等他踏进校门以后。

让孩子和其他小朋友一起玩耍、学习或完成计划。他会渐渐明白，在一个良好的团队中，每个人都能更好地发挥自己的创造性，工作更有效率，大家都量力而行，互相倾听，互相尊重，分享各自的想法。

为了帮助孩子愉快地与人相处，你可以建议他多参加一些角色扮演或戏剧表演类的游戏。这样，他就能学会在公众面前讲话。

为了鼓励孩子和爸爸妈妈以外的大人交流，你可以在家庭聚会时让他和其他长辈进行交谈。在这样的场合下，孩子可以跟大人们交流许多的主题——文学、音乐、修理，或对大自然的观察，孩子将会发现许多不同于自己父母的职业或不同的生活方式。

在孩子探索世界的过程中，要引导他把重点放在对人的观察，而不是对地点或事物的观察上。也许孩子会对发明家、探险家或政治家的生活产生兴趣。长大以后，他也许会喜欢读人物传记或者名人的自传。

如果你的孩子在与人交往和交流方面有困难，你可以给他创造一些可以自由地表达观点，而不会被反驳或贬低的交流机会。帮助孩子选择合适的游戏伙伴，这样能够帮助孩子增长自信，等他长大了也能去应对更加复杂的环境，特别是入学以后的环境。

几种不同智能的有益结合

交往—交流智能和自知—自省智能互相丰富：要想了解别人，好好和别人交流，必须先要了解自己。这两种智能的结合类似于我们平时所说的“情商”，也就是说既要认识自己的情绪，也要对别人的情绪有一定的敏感性。

一些游戏，特别是社交游戏，能够把交往—交流智能和其他智能（根据不同的游戏类型）结合在一起，比如逻辑—数理智能、身体—动觉智能。

所有形式的书写往来（比如信件、明信片和电子邮件）都需要言语—语言智能和交往—交流智能的结合。

自知—自省智能

自知—自省智能发达的人对自己有良好的认识。他们对自身的价值、目标和内在状态都特别敏感。他们能准确地认识自己的优点和缺点，并且有良好的自律能力。

自知—自省智能处于发育阶段的孩子可以独自玩耍、活动和学习，能够制订一些可以实现的计划并为之努力，而不受外界压力的影响。他们一般从很小就开始记日记，并喜欢独处的时光。他们对于自己的长辈抱有好奇心，可以花很长时间去看家族相册。长大后，他们容易被讲述真实人物生活的书本和电影吸引，并对有精神内涵的故事感兴趣。

总的来说，自知—自省智能发达的人，具有这样的特点：他们对于自己的优点、缺点、价值和能力都有清醒的认识；他们喜欢独处，懂得积极上进，有良好的自律能力；他们有丰富的内心生活。

有以下这些行为的孩子，自知—自省智能比较发达

他愿意花时间去深入挖掘自己感兴趣的东西，而不仅仅满足于表面的认识。

对某一个话题发表观点时，他会先整理一下自己的知识，花时间思考一下自己对这个话题有哪些了解，然后才会与大家分享自己的看法。有时，人们会认为这样的孩子思想不够活跃。

他十分了解自己，清楚自己的优点和缺点。由于他把很多的时间集中在自己的内心世界上，他可能会被认为过于内向——有时确实是这样。

童言童语

两岁半的朱丽叶把妈妈刚刚给她扣好的鞋扣解开了："妈妈你忘了吗？我已经长大了，我自己可以的！"

他知道怎样能让自己保持

动力，并能为了实现自己的目标而努力。

他知道自己对什么感兴趣，对什么不感兴趣；喜欢什么，不喜欢什么；想要什么以及需要什么。他能利用这个认知去引导和丰富自己的生活。

他有自己丰富的内心世界，但不一定会展示给外界。

由于他知道自己相信什么以及为什么相信，所以，如果他的言语—语言智能和逻辑—数理智能也足够发达的话，那么他通常有能力为自己的观点和信仰进行辩护。长大以后，他也许会致力于人道主义、社会学或政治学方面的工作。

他一般比较勤奋、安静、独立。

他不喜欢大人干扰他的言行，特别是在学校，这样他会觉得自己的内心世界得不到尊重。

如果有人询问他的意见或观点，他常常有自己的想法，但不喜欢表达出来。在学校，大家常常批评他不懂得“参与”，如果他希望得到老师的重视，就必须要学会努力地回答老师提出的问题。

通常，比起同龄的孩子，他更喜欢和大人交谈。

他不喜欢标准化、统一化的做法，不喜欢凡事都和别人一样，不喜欢参加一些别人强制他参加的集体活动。等到上了学，他将不得不屈服于一些自己并不喜欢的规则。

怎样培养孩子的自知—自省智能

从孩子很小开始，就要鼓励他分享自己的想法、感觉和思考的成果，而不要用大人的意见、建议或批评去压垮孩子。

利用各种机会和场合，让孩子发现人有各种各样的情绪和状态。特别是要让孩子清楚每一种情绪产生的原因，比如：“妹妹收到了一份你很想要的礼物，你觉得有点嫉妒。也许下一次等你收到了礼物，妹妹也会嫉妒你呢！”

如果孩子更喜欢一个人玩耍或学习，要尊重他，但要让他知道你随时都在。你可以这样说：“你一个人背诗没问题吧？如果需要我帮忙的话，你就喊我哦！”

要想培养孩子独立思考的能力，你可以大声地问自己一些问题，然后问问孩子的看法，比如：“我在想，今天是星期天，我们该干点什么呢？你有什么想法吗？”

为了帮助孩子认识自己丰富的内心世界，你可以从他很小的时候就建议他把自己的想法写在日记里。如果孩子还不会写字，那么你可以“代笔”，让他来说，你来写。

也许孩子的内心生活十分丰富，但不善于在别人面前表达自己。你可以给他制造一些当众讲话的机会，当然，一开始一定要选择一些非常安全的场合，比如家庭聚餐、生日聚会等。你可以建议孩子谈一些自己感兴趣或十分了解的话题，并给他足够的准备时间。如果他最终选择拒绝，那么就不要坚持了。

利用一些机会让孩子明白，你所提议的事情将能丰富他的生活，比如："你的表妹佩特拉要来我们家住几天。她家住在靠近海边的布列塔尼，离我们今年夏天去度假的地方不远。你还记得我们当时玩得有多开心吗？我们可以问佩特拉很多关于布列塔尼的问题！"

经常让孩子做出选择——前提是不影响你的正常生活，这样孩子能学会独立思考。比如日常出去游玩时，你可以让孩子选择他想去哪里。不过要让孩子明白，你让他选择目的地是给了他一项特权：如果他需要很长时间才能作出决定的话，那么他将会失去这项特权，改由你来作出决定。

征求孩子对家庭生活中遇到的一些问题的意见，并让他说明理由——但同时要让他明白，最终的决定权在你。例如："今年我们没有足够的钱，不能像去年一样去意大利度假了，我们怎样才能过一个愉快的假期呢？"

帮助孩子确定一个内在的动力，也就是孩子自己想做的事情，而不是外界强加给他的。比如你可以这样说："我很高兴你想学习小提琴，我们一起研究一下该怎么给你安排课程吧。"

给孩子提供一些可以丰富他内心的问题和话题。你可以借用一些儿童哲学类的读物，它们通常能够激发孩子进行哲学思考，还

能帮助回答一些孩子从很小就可能会提出的问题，比如关于爱情、战争、死亡、贫穷、公平，还有其他的一些问题。和孩子一起——如果有条件的话，其他家庭成员也都一起，参与到这样的思考中，并创造一些分享观点的机会。你还可以问一问孩子，他对自己看到或听说过的事情有什么疑问，但不要强迫他接受你的答案。

孩子（青少年和成年人也一样）有时会不断地重复一个他从外界听来的真理，它可能是从一个同伴、一位老师或将来认识的社会上的其他人那里听来的。要鼓励孩子形成自己的观点，并问问他，为什么他觉得这个观点是对的/好的/有价值的。孩子的批判精神就是这样形成的——当然，有批判精神并不意味着批判一切！

几种不同智能的有益结合

如果要把自己丰富的内心想法表达出来，那就需要把自知—自省智能和言语—语言智能结合起来。写日记就是一种很好的方式。自知—自省智能和逻辑—数理智能的结合能够丰富孩子的逻辑思维，帮助孩子找到自己提出的问题的答案或解决方法。

我们在听音乐或演奏音乐时感受到的情绪与音乐—节奏智能有着密切的关系。这种情绪和音乐间的关系可以促进一个人的自知—自省智能。

自然观察智能

自然观察智能由两部分组成：一部分是对大自然的方方面面（矿物、植物或动物）的观察能力，另一部分是对不同结构的辨别和归类能力。

自然观察智能处于发育阶段的孩子喜欢观察大自然（从天气预报到一个池塘里的生物），对动物充满兴趣（从蝴蝶到山羊，从海狸鼠到大象），希望能养一只宠物（比如仓鼠、小兔子、猫）。当他们身处一个自然的环境（比如森林、乡村、沙滩、高山），他们会感到特别幸福。他们非常喜欢动物园和有动物的公园。他们从很小就开始喜欢收集小石头、贝壳或一些奇奇怪怪的东西，等到他们长大了，关于文化商品的类别和名字的问题从来都难不倒他们，比如各种摩托车和篮球鞋。

总的来说，自然观察智能发达的人，具有这样的特点：他们很容易被动物和它们的行为所吸引，对他们所处的自然环境和植物非常敏感，致力于保护自然环境；他们试图理解自然，运用自然（从饲养动物到学习生物学）；他们会整理数据、挑选、集中和分类。

有以下这些行为的孩子，自然观察智能比较发达

通过观察大自然中的各种形状、颜色、大小、图案、质地，他能轻易地进行分类（因此他的抽象能力也得到了发展）。他对于不同的矿物、植物和动物间的相似性和区别十分敏感。他能通过树叶的形状和树干的颜色辨别不同的树，也了解不同品种的马。即使他在一个高度城市化的环境下长大，他也能利用这个环境（而不是利用大自然）去发展自己的观察和分类能力。

所有与自然有关的东西都令他着迷，特别是动物。他常常希望能拥有自己的宠物，也很喜欢动物园和公园里各种各样的动物。他还有可能喜欢观察昆虫，如果你踩到了蚂蚁，或者弄死了一只蜘蛛，他会非常生气。

只要一有机会，他就喜欢跟自然进行互动。他希望能照料一只从巢里掉下来的小鸟，也愿意帮忙在花园里或阳台上种植物。等他长大了，他希望

童言童语

“放学的路上，我看到了一只戴菊莺[1]，它真是太可爱了！”

1 戴菊莺：卢森堡的国鸟，也是卢森堡本国鸟类中最小的一种。

能加入自然保护协会。

他从很小就开始喜欢收集和大自然有关的东西：小石头、树叶、贝壳、鸟的羽毛，等等。

他会关注天气预报，注意不同的天气，喜欢看云和看下雨。

他提出的问题常常跟大自然有关，不管是昆虫、风光地貌，还是星星。

他有很强的观察能力，特别是在观察动物方面。

怎样培养孩子的自然观察智能

人类只是大自然中的一个部分——我们常常忽略了这一点，我们总以为在这个世界上，自然可以服从于人的欲望和需求，甚至不惜以破坏它为代价。你可以通过无数种方式和孩子探讨自然，每一种方式都与一门自然科学有关：天文学（研究恒星、行星和宇宙），生物学（研究各种生物），植物学（研究各种植物），生态学（研究环境），昆虫学（研究各种昆虫），地质学（研究各种石头），爬行动物学（研究爬行动物和两栖动物），园艺学（研究各种花），鱼类学（研究各种鱼），气象学（研究各种天气），海洋学（研究海洋），鸟类学（研究各种鸟），古生物学（研究各种化石），火山学（研究火山），动物学（研究各种动物），还有许多其他的学科。

生活在乡村或城市化进程缓慢地区的孩子有很多接触大自然的机会，而生活在发达的大城市的孩子所能接触到的自然元素就是路边的树和天空中飞过的鸟。这样，就需要大人创造机会让孩子去接触大自然。要知道，让孩子看智能手机里关于自然的图片或者看电视，并不能拉近孩子和大自然的距离！在大城市里，公园和绿地可以让孩子跟自然保持最起码的联系，前提是家长要懂得合理利用资源，而不是把它们当成普通的可供孩子游乐的地方（比如只是让孩子玩滑梯，而大人却在一旁悠闲地玩手机或看小说）。

尽可能地抓住机会让孩子发现自然元素，比如让他观察邻居在菜园里种的菜，每周带他去一次花卉市场，让他注意季节的变化以及由此带来的树木和其他植物的变化，让他观察夜晚的星空，带他去树林里散步……

为了培养孩子的汇总能力（也就是把事物整合到一起的能力）和分类能力（也就是创建目录和子目录的能力），你可以鼓励孩子去留意同一种类型的小石头、贝壳、树叶和花朵，动物或昆虫之间的相似和不同（比如牛、马、蜘蛛或苍蝇）。孩子的抽象能力因此得到了发展，这个能力将会特别有用，特别是等到孩子上学以后，比如需要区分不同类型的形容词或三角形的时候。

几种不同智能的有益结合

在细致地观察大自然时，视觉—空间智能和自然观察智能很好地结合在了一起。这两种智能还能和身体—动觉智能进行结合，这可以体现在照料小动物，还有区分不同的植物结构上。

当逻辑—数理智能发挥作用的时候，孩子会通过观察和发现自然提出许多的问题。

通常我们认为，经常接触大自然的人，自知—自省智能相对更发达一些。所以，自然观察智能可以和丰富的内在结合起来。

第二章

了解和训练孩子的多元智能

在对多元智能有了初步的了解之后，也许你已经开始用一种新的眼光看待你的孩子了，仿佛你在孩子身上发现了一些隐秘的、令人意想不到的财富。可是，怎样才能把这种理论应用到自己的孩子身上呢？因为，就算孩子的酒窝长得像妈妈，眼睛长得像爸爸，可他毕竟不同于他的兄弟姐妹，每一个孩子都是独一无二的呀。也许，你的孩子从很早就表现出了一些需要你去解决的问题：他有没有可能，或者已经开始出现杂志上常常提起的诵读困难或者多动症，需要进行早期的医学治疗？

多元智能理论是一个十分有益的学习理论，可以帮助你更好地了解孩子的智能发育模式。它的用途是多种多样的，也是可持续的，即使孩子长大了，它的作用依然会延续。

你要知道

多元智能理论非常容易理解：人有八种不同形式的智能，这八种智能在我们的整个一生中都能或多或少地得到发展。不过，这个理论看似简单，背后其实大有深意。不信我们来看。

多元智能理论的三个关键点

关于人类的智能发展，霍华德·加德纳提出了以下三个关键点：

我们每一个人都有八种形式的智能。每一个个体从出生起就获得了一束需要培养的“智能之花”。在之后的成长过程中，一些生理特点、家庭和社会环境因素都有可能对某几种智能产生或早或晚、或深或浅的影响。

在人的整个一生中，多数人的八种智能都能发展到一个良好的水平。我们常常认为自己目前在某种智能方面存在的缺陷是无法改变的，其实不然。在正常的生活状态下，我们可以唤醒和强化每一种智能，这个过程可以持续一生，直到我们的各种智能都达到良好的水平。

大多数情况下，人的各种智能都在以一种复杂的方式共同作用着。在多元智能理论中，每一种智能都像是一部“作品”，它们

不可能，或者很少独立地存在（除了在某些孤独症患者或其他特例身上）。大多数时候，各种智能都是相互作用的，如果没有几种智能的同时作用，许多活动都无法正确地完成。

每一种智能都有不同的运用方式

多元智能中的每一种智能都有自己的组成部分，所以，我们可以有很多不同的方式来运用它们。例如，机械师（需要保证机器良好地运转）和乐器制造商（制造和维修乐器的人）的音乐—节奏智能可以运用和发展得一样好，运动员和外科医生的身体—动觉智能可以同样出色，言语—语言智能对讲故事的人（他可能会有阅读和写作困难）、作家（他可能不敢当众讲话）和演讲家（他可能不会自己写演讲稿）来说都是必不可少的。

不同智能的发展在很大程度上取决于环境因素

如果观察一下世界各国不同文化下不同年龄段的人，我们会发现，一些人的某种特定的智能会比另一些人更加发达。音乐—节奏智能就是一个非常明显的例子：在一些国家（比如奥地利），几百年来，整个社会都保留着丰富的音乐传统，而在另一些国家，音乐仅仅被当成是一种娱乐形式，有些时候甚至是遭到禁止的。

不同的国家，不同的时期，人们在或难或易，或受到鼓励或遭到反对的情况下发展着不同形式的智能。孩子出生的社会和家庭环境不同，受到的影响也是不同的，父母和生活环境可能会促进孩子某几种智能的发展，也可能会阻碍另外几种智能的发展。

运用智能的不同方式

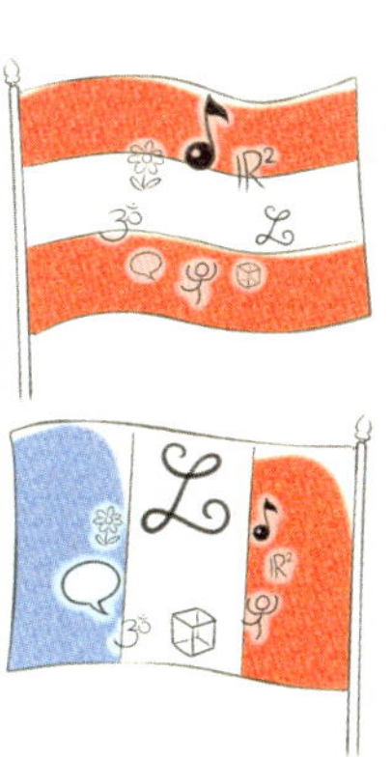

多元智能的运用有许多方式，有好的，也有坏的，它并没有特定的道德内涵。它可能被用来策划一场战争，也可能被用来开一所学校；可能被用来组织一场谋杀，也可能被用来演出一场歌剧。在运用智能的过程中，我们需要不断地做出选择。需要指出的是，我们遇到的大部分问题都是由于智能运用不当，或者某些智能欠发达导致的。比如，逻辑—数理智能或自知—自省智能相对薄弱的人缺乏批判精神，很容易相信一些虚假或错误的信息。再比如，如果一个人的交往—交流智能过于发达，而其他形式的智能相对欠缺，那么这个人很可能会为了自己的利益而去操纵别人。

每一个个体都是与众不同的

大部分心理学家都认同这样一个事实：我们每一个人，不论出生在哪里，都有一束属于自己的“智能之花”，它让我们拥有独一无二的学习、理解、思辨以及正确地适应环境的方式。家里有不止一个孩子的家长应该很清楚这一点——我们要注意，对每一个孩子应该使用不同的培养方式。

培养某些特定智能的方法

一般认为，在家庭生活中，孩子的各种智能很容易以一种平衡、和谐的方式得到发展。不过，并非所有的家庭情况都一样，因为家长们可能会面临不同的困难：

- 如果家长自己的某些智能相对薄弱或者没有被激发出来，那他们就很难帮助孩子去发展这些智能，即使孩子在这些方面拥有巨大的潜力。

- 相对地，一些家长希望重点培养孩子发展家长本身比较欠缺的一些智能，有时候这会损害孩子更有天赋的一些智能的发展。

- 另外有一些家长只想培养孩子表现比较出色的智能，并根据这个替孩子进行职业规划。

- 为了使孩子完全适应学校制度，一些家长在家里只注重培养孩子的言语—语言智能和逻辑—数理智能，因为这是学校特别看重的两种智能。

从理论到实践

不可否认的一点是，霍华德·加德纳的多元智能理论也遭到了一些同行的批判。人们常常忽略了这样一点：一种理论虽然可以推动一门科学的进步，但它不一定是最终的。加德纳的理论既不完美，也不绝对，但它在世界范围内获得的成功展示了它的好处和恰当之处。一些人认为加德纳的理论是“一场空想”。如果读一读这些人的论证，会发现他们对于加德纳理论的认识比较表面化，所以他们结论的准确性还有待进一步讨论。

那我们应该怎么办呢，该选择接受还是拒绝？解决问题的一个好办法，就是去问问那些有实践经验的人。多元智能理论一经发表，就引起了教师群体的关注。一些教师和学校出版了许多以英语为主的相关著作，因为这个理论在学校里比较“行得通”，或者说能够得到更好的运用。人们总说，要根据一棵树结的果实来判断这棵树好不好，而多元智能理论这棵树的果实又多又美味，这恐怕要让那些批评它的人失望了。

为什么要培养孩子的多元智能？

培养孩子的多元智能十分必要，有以下几个原因：

- 经过漫长的进化过程，从动物到人类，八种形式的智能已经先天地植入了孩子的基因和大脑，我们只需要以一种自然的方式去培养它们就可以了。
- 各种智能的均衡发展，与人格的均衡发展有着直接的联系。
- 不论是在学校还是步入职业生涯后，能够良好地运用多元智能的人总是能够获得更多的成功。
- 八种智能的综合运用可以使我们更好地融入我们成长、生活的社会和文化，并让我们有机会为人类的发展做出积极的贡献。

多元智能的发展只能通过全面的教育途径来实现，当然，在这个过程中，一些其他的因素也起到十分重要的作用，比如孩子的营养质量要跟上，在孩子很小的时候尽量不要让他接触电子屏幕，父母要有健康的行为习惯，合理地利用父母的权威，培养孩子的自尊，保持健康的生活方式，等等。

相反，孩子在成长过程中，父母冷漠或缺席，生活不稳定，遭受虐待，或者处于其他不利成长的环境中，那么他的多元智能就得不到良好的发展，或者终其一生都不能够被唤醒，甚至还可能会产生一些悲剧性的结果，比如严重的学习困难，难以融入社会和文化，异常的行为，糟糕的健康状况，等等。

应该从什么时候开始培养孩子的多元智能？

越早唤醒孩子的智能，它就越可能成为孩子的优势。不过，唤醒那些长时间沉睡的智能，无论何时都不晚，不管是在孩子进入青春期还是成年以后。每一种智能在每个人的一生中都可以得到强化和发展。这也就是说，家长朋友们，你们也可以用一生的时间去运用和发展自己的多元智能，即使你的某些智能现在看来有些薄弱或正处于沉睡当中。

我有能力培养孩子的多元智能吗？

也许你们不敢相信，家长朋友们，你们才是——或者你们可以成为培养孩子多元智能方面最出色的专家。你们只需要好好地了解多元智能的概念，改变对孩子的看法，鼓励孩子参加一些能够培养多元智能的活动。

作为一名家长，特别是新手家长，你可能会问自己这样几个问题：

我感觉自己的多元智能都没有发展好，我能培养好孩子的各种智能吗？

培养孩子各种形式的智能，这难道不是学校应该做的事情吗？

我不是老师，不是育儿师，也不是幼教，我有能力培养孩子的多元智能吗?

难道我在培养孩子多元智能的过程中不会出错吗?

这些都是很自然的问题。毕竟，我们都没有学习过如何当好一名家长（很遗憾，学校里目前没有开设相关的课程）。关于这几个问题的答案其实很简单：

你可以培养孩子的所有智能，即使你自己的某几种智能还不够发达——你刚好可以利用这个机会，运用和强化自己的这些智能。

不要等着学校去培养孩子的多元智能，应该从孩子一出生就开始做这件事情。

你肯定会犯错误（所有的家长都会）。在本书的第三部分，我们会给出一些建议，使家长们尽量少犯错误。

所以，家长朋友们，在帮助孩子发展他们的天分和智能方面，你们始终是排在第一位的。你们只需要在家里的客厅、卧室或花园里和孩子做一些活动，给他一点点鼓励，几乎没有什么成本。在本书的最后一个部分，我们会给出一些活动建议，家长朋友们也可以自己设计一些其他活动——更不用说孩子自己也能创造出一些活动。

一开始，如果你看到孩子把厨房里的抽屉翻得乱七八糟，问你借橡皮筋和牙签来搞什么“发明”，戴上旧帽子，声嘶力竭地唱歌，不停地收集贝壳，把家里的客厅变成“城堡”或“太空飞船”，也许你并不觉得这些行为是在开发孩子的大脑。不过,事实恰好相反，通过这些活动，孩子各种形式的智能都得到了发展。当然，要想孩子不把家里弄得一团糟，让你抓狂的话，还是要给他制定一些规则的。让孩子学会遵守规则，也是教育的一个重要组成部分。

父母的影响

从孩子出生的那一天起，就有八个不同的世界在等待着他去探索发现。不过，要怎样开始他的探索呢？孩子需要一把开启探索之旅的钥匙，而这把钥匙就在你们——家长朋友们的手里。孩子会十分地依赖你们，所以家长们要注意以下三点：

模仿的力量。孩子从出生开始，就会通过模仿进行学习，并且有很强的观察能力。如果爸爸会演奏音乐,那么他也想演奏音乐；如果妈妈很会修修补补，那么他也想修修补补；如果父母一直在孩子面前使用手机，那么孩子也想使用手机，因为他会觉得手机是一件很重要的东西。这一点需要引起家长们的警惕，因为孩子会模仿父母的一切行为，好的和坏的都会模仿。

榜样的力量。因为孩子有模仿父母的意愿，所以父母必须要做出榜样——当然，是好的榜样。要知道，父母的一言一行都会成为孩子模仿的对象。

开放的精神。即使父母的某种智能并不发达，也应该尽可能地给孩子创造条件来发展这种智能。作为父母，我们有时会希望孩子跟我们一样，拥有我们的优点和天分——当心，不要把我们的缺点也传递给孩子哦。

丰富孩子的生活，培养孩子的多元智能

前面已经提到过，八种智能很少会单独起作用。任何一项活动的完成都需要几种智能的共同配合，其中有的智能占主导作用。所以，家长应该让孩子参加一些能够充分调动多元智能的活动。比如，看电视剧很难调动孩子的多元智能，而演奏乐器则可以锻炼孩子的八种智能。

还有许多常见的日常活动可以帮助培养孩子的多元智能。比如，带孩子去市场的时候，你可以利用这个机会引入八种不同的智能：

视觉—空间智能：让孩子看一看市场上的货摊是怎样排列或分布的，跟他一起提前规划你们买东西要走的路线，让他观察不同颜色的协调搭配和组合。

音乐—节奏智能：让孩子注意市场上的各种声音，菜农的不

同口音，以及他们招揽顾客的不同声调。

身体—动觉智能：让孩子知道应该怎样在拥挤的市场中行进，而不会撞到其他人。

言语—语言智能：教给孩子不同水果和蔬菜的名称，并清晰、准确地向商贩们说出它们的名称。

逻辑—数理智能：鼓励孩子计算你们采购的开支、商品的重量和大小、各种商品的比例；把你的钱包交给孩子，让他自己付钱，并算一算找零的金额对不对。

交往—交流智能：帮助孩子和市场上的卖家建立联系，对他们微笑，向他们表示感谢；让孩子思考一下，根据预算，你们可以买些什么，家里都需要些什么，家庭成员分别喜欢吃什么，不喜欢吃什么。

自知—自省智能：教孩子学会控制自己的购买冲动——当然了，也要满足他的一些小要求。

自然观察智能：让孩子发现大自然赐予我们的物产的丰富多样；教他区分不同种类的水果、蔬菜、奶酪、鱼等，让孩子知道应季的产品都有哪些；告诉孩子应该怎样判断一种产品新不新鲜。

家长朋友，你的多元智能是怎样的呢？

关注孩子的智能发展，当然是一件好事。但如果同时也能关心一下自己的智能发展，那就更好啦！因为，只有自己的智能发展好了，才能更加得心应手地培养孩子的智能——而且，你的生活将会因此而变得更加丰富多彩。以下几点建议能够帮助你快速地了解自己的智能发展情况：

- 找一张大大的纸，为每一种智能画一条水平的时间轴。参考本书第一部分中对各种智能的描述，根据每条时间轴，回忆自己从小到大这种智能的发展历程。标记出有重要意义的事件，特别是那些使你的这种智能定型或瓦解的经历（见 81 页），那些帮助或阻碍过你发展这种智能的人，学校对你的影响，这种智能在你成年后发展得怎么样，它在你的职业生涯和个人生活中起到什么作用。

- 和你的家人进行讨论。他们关于你的智能的不同看法，也许会令你大吃一惊！

- 思考一下，你的优势智能和弱势智能是怎样影响你的日常生活、职场生活和私人生活的。你是怎样合理利用你的优势智能的，又是怎样避免使用你的弱势智能的？

- 选择一项你希望提高的智能。可以是：你童年时表现出一定的天分，后来却没有机会发展的智能；你从小就觉得发展起来很有困难，现在希望拥有更多经验和能力的智能；你已经发展得很好，希望能够进一步提升的智能。

制订一项行动计划，帮助你“飞速提升”这项智能。值得你为此付出的是把你的优势智能和弱势智能结合在一起的活动。比如，如果你的音乐一节奏智能比较发达，而身体一动觉智能相对欠缺的话（比如身体僵硬、动作不协调），那么你可以选择学习舞蹈。

第三章

孩子入学前，家长是第一任老师

了解了多元智能理论和它的八个组成部分之后，也许你会希望了解自己孩子身上的这八种智能。如果能够知道孩子的哪些智能发展得又好又快，哪些智能还需要进一步的挖掘和培养，那对你来说将会再有用不过啦。

换一种眼光看孩子

通过观察孩子的行为，你可以问问自己下面这几个问题，它们能给你一些提示，帮助你了解孩子的智能发展情况。括号里给出了一些例子。

√ 孩子做什么事情比较得心应手？（比如画画）

√ 孩子做什么事情有困难？（比如搭建一些精细的东西）

√ 孩子会逃避什么事情？（比如和其他小朋友在一起）

√ 什么东西容易吸引孩子的注意力？（比如所有和小动物有关的东西）

√ 孩子喜欢做什么？（比如发出各种声音和节奏）

√ 入学后，孩子在课余时间最喜欢做什么？（比如读绘本）

√ 孩子比较擅长什么科目？（比如算术）

√ 孩子比较反感什么科目？（比如体育）

√ 什么事情使孩子感到快乐？（比如一个人在角落里翻绘本）

√ 什么事情使孩子感到无聊？（比如参加集体活动）

√ 孩子的哪些行为令你感到抓狂？（比如不停地问问题）

观察孩子智能的几点建议和注意事项

想必你已经开始对孩子的各种智能有了一个初步的认识，以下几点建议和注意事项能够帮助你做得更好：

在孩子四岁之前，一般很难判断他会优先运用哪些智能，因为他对一切都充满了兴趣！比如，他可能会深深地痴迷于你给他读的故事（言语—语言智能），希望照顾小动物（自然观察智能），疯狂地喜欢画画（视觉—空间智能），能够完成精细的搭建游戏，并开始学骑自行车（身体—动觉智能），问你无数的问题，想弄清楚事物的因果关系（逻辑—数理智能），和小伙伴们一起玩总是玩不够（交往—交流智能），自己建立内心世界（自知—自省智能）。也许有些孩子很小就在某种特定的智能上表现出异常的天赋，但大多数孩子并不是这样的。所以，在孩子四岁前，不要急于下定论，要观察并培养孩子的各种智能。

随着孩子慢慢长大，如果他在某种智能上表现出了优势，尽量不要给他贴上标签（比如“我儿子真是个天生的音乐家”或“我女儿的逻辑思维能力简直太完美了”）。因为前面已经提到过，我们要培育的是孩子的整个“智能花束”。或许你的儿子将来会成为一名职业的音乐家，你的女儿会成为一名工程师，但前提是他（她）必须能把自己特殊的天分和其他所有的智能结合在一起。

通过观察孩子，你会逐渐发现，孩子有些智能比较强，有些智能比较弱。这些优势智能可以搭起一座桥梁，帮助促进弱势智能的发展。“搭桥”的意思是说，你可以建议孩子多参加一些能够同时运用他的优势智能和弱势智能的活动。也就是说，依靠孩子比较擅长的智能来提升那些有待于进一步发展的智能。

在本书的最后一部分，我们将提供一些活动建议，这些活动能够调动孩子的多种智能，或许这是培养孩子各种智能的最好的方式，既能让孩子集中发展他的优势智能，又不会损害其他形式的智能发展。

有一些测试，特别是网上的一些测试，声称可以帮助评估孩子的多元智能水平，尽量不要去做这些测试！因为这些测试的问题全部采用的是言语—语言的形式，对不同的孩子来说，这些测试的结果常常不够客观。并且，所有的多元智能研究方法最初都是反对智商（IQ）测试的，因此，如果再用这类测试去评估人的多元智能，那就自相矛盾了。霍华德·加德纳是坚决反对这类测试的。要想了解孩子各种智能的水平，最好的方法就是观察：观察孩子在不同的活动中是怎样运用自己的智能的。

在观察孩子的过程中，要特别注意两个方面：兴趣和能力。孩子的兴趣可以通过他参加某种活动的频率以及在活动中表现出来的专注力和持久度来判断。孩子的能力可以通过他在活动中表现出的灵活度来判断。能力主要通过后天的训练获得，但也可能是孩子的天赋使然。比如，你的孩子可能对针线活产生了兴趣，而他在这方面也许并没有什么特别的天分，但他可以通过时间和练习来提高自己。另一个孩子可能同样对针线活产生了兴趣，而他在这方面的天分可以帮助他获得飞快的进步。

当一个孩子发现自己在某方面有一定的能力，那么他会很自然地喜欢运用自己的这种能力。你可以利用这一点，培养和鼓励孩子发展这方面的智能，让孩子获得成功的经验，这一点很重要。因为这能帮助孩子增长自信，并使他想要去挑战难度更大的领域。鼓励孩子发挥自己的优点，并不意味着限制他其他形式的经历和认知，相反，他因为成功获得的自信能够促使他去探索其他的领域和方法，从而获得进步。

如果你想更加深入地了解孩子的优势和弱势智能，你可以和其他比较了解孩子的人进行讨论（比如孩子的保姆、幼儿园老师等）——当然，前提是这些人必须要对多元智能理论有一定的了解。

孩子的一些令你感到困扰的行为也许是他的某些智能没有得

到激发的表现。比如，如果他喜欢不停地动来动去，用脚踢墙，或者在床上跳来跳去，而不愿意安安静静地玩涂色游戏，这也许是因为他的身体—动觉智能没有得到足够的激发；如果他喜欢敲打节奏，喜欢用手边的一切东西发出声音，让你近乎抓狂，这也许是在向你表明，他的音乐—节奏智能还有待进一步挖掘。

注意：也许孩子的某些智能很有潜力，但却从来没有机会去运用和发挥，所以甚至连家长都没有发现。因此，要建议孩子参加各种各样的活动，这些活动主要调动的是八种智能中的某一种——这能帮助你发现孩子在这种智能方面究竟有没有特殊的天分。不要感到太惊讶，完全不喜欢运动的父母也可能有一个热爱体育的孩子，从来不听音乐的父母也可能会培养出未来的演奏家，一直生活在城市的父母也可能会发现他们的小孩痴迷于农业或海洋学。

让孩子知道他很聪明

随着孩子慢慢地长大，特别是等到他入学以后，他会开始把自己和其他的孩子进行比较，并且很可能会想知道，自己究竟聪不聪明。

多元智能理论的好处之一就是，让所有的孩子都认为自己是聪明的，只是聪明的表现形式不同而已。因此，问题应该从“我聪明吗”换成“我的聪明是什么形式的”。

对孩子来说，八种智能可以简单地描述为：词汇和话语 / 逻辑和数字 / 图像 / 身体 / 音乐 / 自然 / 别人 / 自己。随着孩子渐渐长大，你可以用浅显易懂的语言向孩子介绍这些不同形式的智能。这样，孩子就变成了发展自己智能的参与者。比如你可以这样对他说：“当我给你读故事，或者你学习写字的时候，你是在运用你的词汇和话语智慧哦。”“你过生日的时候我们可以办一个派对，邀请你的小伙伴们都来参加，到时，你和别人在一起的智慧就能派上用场啦。”这样说的目的是让孩子感觉自己在各方面都是聪明的，而不会让孩子产生心理障碍，比如：“我讨厌跟这些人在一起，也许我真的没有什么和别人在一起的智慧！”

你还可以问问孩子，他喜欢做什么（见下表），并告诉他，聪明有许多种不同的形式。如果你的女儿说，“我喜欢和朋友们一起玩，还喜欢和她们一起骑自行车”，你可以这样回答：“那么你就既有和别人好好相处的智慧，又有灵活运用身体的智慧，这可是加倍的聪明呀！”家长们要充分利用不同的场合，让孩子知道自己在各个方面都很聪明。

智能	了解孩子该种智能的问题 问问孩子：你喜不喜欢……
图形和颜色 （视觉—空间智能）	涂色，画画？ 仔细看书里的插图？ 先在头脑里想象要怎样做一件事情，然后再去做？
声音、节奏和音乐 （音乐—节奏智能）	听音乐和儿歌？ 唱歌？ 跟着音乐跳舞？
身体 （身体—动觉智能）	剪纸，修修补补，玩乐高？ 跳舞，表演戏剧，演小品？ 跑步，跳，做运动？ 帮助家长做饭，制作小模型，做针线活？
词汇和话语 （言语—语言智能）	听故事？ 编故事，玩文字游戏？ 读书，看绘本？ 讲述自己的一天？
逻辑和数字 （逻辑—数理智能）	数字，计算？ 猜谜语？ 问问题？ 做实验？
和别人在一起 （交往—交流智能）	和小伙伴们一起玩？ 和爸爸妈妈、兄弟姐妹或其他认识的人讨论问题？ 帮助别人？

智能	了解孩子该种智能的问题 问问孩子：你喜不喜欢……
和自己相处 （自知—自省智能）	偶尔一个人安静地待在角落里？ 问自己一些关于自己，关于生和死，关于什么令我们幸福，什么令我们不幸（或者是其他哲学领域）的问题？
和大自然在一起 （自然观察智能）	散步，去户外玩？ 收集树叶、贝壳或大自然中的其他物品？ 观察动物，和动物们在一起？

送给家长朋友们的几点建议

让孩子的多元智能和谐发展，就好像是培育一株植物：要有一片肥沃的土壤、水和阳光，并保护它不受伤害。就像那句谚语说的一样："不能拔苗助长。"我们还可以加上一句："不能忽视幼苗，不能给它压力，要让它获取足够的养分，它才能够茁壮成长。"只有好的园丁才能培育出美丽的植物！对于孩子这朵幼苗来说，它最最重要的园丁正是你呀，家长朋友。

影响多元智能发展的因素

有许多因素都可以促进或者抑制孩子多元智能的发展。一些因素取决于你，另一些因素取决于外部环境。比如以下几个因素：

- 孩子的生活环境（比如生活在城市还是农村，家境富裕还是贫困）。
- 父母的经济水平（比如生活富足的家庭比经济困难的家庭有更多的机会去旅行或去博物馆）。
- 孩子感受到的情感氛围（比如一些父母对孩子采用十分严苛的教育方式，孩子体会不到，或者很少体会到父母的爱意）。
- 孩子吃的食物的品质（比如一些父母在孩子很小的时候就给孩子吃“垃圾食品”，喝碳酸饮料，另外一些父母则想方设法地保证孩子的营养均衡和食物的品质）。
- 孩子参加的活动。
- 孩子承受的压力水平（幼年时承受过大的压力将会影响孩子大脑某些部位的正常发育）。
- 孩子受到的精神激励。

还有一个特别重要的因素影响着孩子的智能发展，那就是孩子和电子屏幕的关系。

智能发展和电子屏幕

近年来，许多婴幼儿研究专家和学者通过观察一些家长的行为，发现在年轻的父母当中存在着一些令人惊讶的行为。他们常常看到这样的场景：一位父亲把自己的智能手机给 15 个月大的孩子当成玩具；或者一位母亲为了安抚哭闹的孩子，把自己的智能手机交给童车里的孩子；还有一些父母送给孩子的 6 岁生日礼物是一台平板电脑。这些专家很早以前就已经就婴幼儿看电视的时长问题向人们敲响了警钟。随着电脑、游戏机、智能手机、平板电脑等电子产品越来越多地出现在大人和孩子的日常生活中，这种现象越来越严重了。

我们不妨听一听专家们的忠告和结论（当然，家长朋友们也不要有过多的负罪感）：那些长时间接触电子屏幕（智能手机、平板电脑、电视）的孩子，他们的学习能力会降低，并且难以集中注意力。他们很难和大人进行交流，有的孩子甚至会产生自闭倾向。他们在身体上表现出更强的攻击性，在精神上表现得更加被动，缺乏好奇心。他们在学习读和写的时候会比其他孩子遇到更多的困难，求学之路也往往充满艰辛。

后文中我们会详细地谈到电子屏幕问题（见 114 页），现在我们先来对专家们的建议和倡导进行一下总结：在孩子六岁之前，要严格地限制他们接触电子屏幕的时间。国内外学者一致认为，孩子三岁以前，最好不要接触任何电子屏幕，包括电视。有一段时期，电视上的婴幼儿频道节目（在平板电脑或智能手机上也能观看）是禁止播出的，不过，当局最终还是不顾婴幼儿研究专家们的强烈反对，批准了这类频道的节目播出。

点燃智能的火花

在孩子的一生当中（大人也是一样），会经历一些重要的时刻，在那样的时刻，一件“非同寻常的事情”发生了，成为点燃“火把”的那个“火星”：霍华德·加德纳把它称为定型经历。它可能是参观一处特别的博物馆，一次旅行，听一场音乐会，读一本书，和某人见一次面，或者观看一场体育比赛。在这次经历的前后，孩子会产生一些明显的变化。一般来说，这些特别的时刻都和孩子的某种特定的智能有关，不过，所有其他形式的智能对于这种智能的开发也是必不可少的。这些“定型经历”是不可以事先设定的。比如，你可能经常带孩子去听音乐会，这可以丰富他的生活，但并不一定能引起他想要成为职业音乐家或演奏家的强烈愿望。相反，也许某一天他只是看了一场篮球比赛，就开始强烈地希望能够参加篮球俱乐部，投入到篮球运动当中。

要想让孩子有“定型经历”，需要想办法创造一些能够囊括所有形式智能的机会。家长朋友们，你们就是这些机会的创造者：你可以带孩子去参观农场，和某一个领域的专家见面，听音乐会，参观科技馆或美术馆，和孩子一起读一本书，观看一部纪录片，等等。

避免使孩子的某些智能发展停滞不前

同样的，孩子的一些经历也可能会暂时中断他的某种智能的发展，如果他发现自己没有办法补救的话，这种智能甚至会永远停滞不前。以下有几个关于“破坏性经历”的例子。

还不会写字的孩子画了一些画，并向你展示他的画作。这个时候你需要特别注意你的评价。不要讽刺或批评孩子，要忽略画的真实质量如何，而强调孩子做得好的地方。如果你对孩子说“你画的房子一点也不像，我来教你怎样画一座真正的房子吧”，或者“你画的这是什么呀，是外星人吗”，甚至是“你浪费的纸还不够多吗”，孩子可能很快就会放弃自己的创作，转而要求看电视剧。

有一个阶段，孩子开始喜欢问各种各样的问题。你回答问题的方式和内容，都可能会使孩子失去提问的兴趣。比如，如果孩子问你“天空为什么是蓝色的？”，而你却回答“没有为什么，因为天空本来就是蓝色的！”，孩子很快就会觉得，最好什么都不要问你，问问题并不是一件好事。当孩子问出一些你不知该如何回答的问题时，你只需要简单地说：“我也不知道，我会去查一查的/不如我们一起去寻找答案吧。”

也许你能够忍受流行音乐会或夜总会里的高分贝音量，却不能忍受自己的孩子发出的各种各样的声音。如果你不断地呵斥孩子“别再制造噪音了！”或者“不要碰钢琴！”，就等于阻止孩子去发现声音的世界。如果孩子已经开始学习弹奏乐器，尽量不要批评他，即使是“善意的批评”，比如指出他拉小提琴的音准不够，或者他第一次弹钢琴的表现比较一般。当然，这并不是说孩子刚刚勉强能弹奏出三个音符，你就要赞叹不已。对孩子的表现要做出恰当的反应，只要别打击孩子学习的积极性就可以了。

爱动几乎是所有孩子的天性，孩子通过各种形式的运动来探索和发现世界。一味地通过“别再乱动了！”或者“你能不能安静一点！”这样的命令来指责孩子，会阻碍孩子身体—动觉智能的发展，这说明家长对孩子的天性还是不够了解。要求一个小孩子长时间坐着一动不动，这既不科学，也不现实——不过等到孩子上了学，学校还是会这样要求的。当孩子把注意力集中在一件任务上时，他可以一动不动，不过，如果在没有必要的时候强迫孩子一动不动，就是一种过度纠正的行为了，这可能会对孩子通过身体的运动进行学习和思考的能力造成长期的负面影响。即使是在小学，也可以利用运动让孩子学习，而不是只有幼儿园才能这样做。

让你的孩子和其他孩子保持联系，对于孩子学习社交技巧来说是必不可少的。这种社交性可以自然而然地形成，但是如果你的孩子比较害羞，或者内心世界比较封闭的话，他在社交方面可能就会遇到困难。他可能会难以融入一个受到其他孩子领导和控制的团体，这样会破坏孩子已经开始形成的交往和交流能力。所以，家长朋友们要慎重一些，帮助孩子好好选择他的游戏伙伴。

有时，你会不加解释地禁止孩子做一些事情，比如："现在先不要往面粉里面加鸡蛋！"由于孩子的逻辑思维正处于发展阶段，他可能就会问："为什么呢？如果现在加了鸡蛋会怎么样呢？"所以，他可能会趁你来不及阻止，就去做了你不让他做的事情。你对于这类事情的反应，可能会扼杀孩子通过实验和假设去探索世界的愿望，也可能会促进他的探索能力的发展。如果孩子的好奇心得到满足，验证和解开了自己的疑惑，那么他就会更加乐于听从你的指令。

孩子从很小的时候就可以通过自然的、游戏的方式接触到阅读和书写。在这一方面，家长的批评或嘲笑也可能会对孩子产生长久的影响。比如，如果你的孩子想要编一个故事，你可以建议他修改一下故事的情节，而不要批评他，或者说："这哪是你编的故事，这明明就是白雪公主的故事呀！"

如果孩子的某种智能比较发达，而家长却时不时地对孩子进行惩罚，那么就会妨碍孩子这种智能的发展，让孩子认为自己的做法是不被接受的，比如："别乱动了，否则你就没有点心吃啦！""不要弄出这么大的动静，不然我就把你关到房间里面去！""别再问我这样那样的问题了，我都要被你弄疯啦！"

随着孩子能够越来越熟练地使用语言进行交流，他开始愿意表达自己的想法、观点和情绪。这时，如果他得到的回应是家长的批评、讲大人的一套道理或者是拒绝，那么他就有可能再也不愿意表达自己，而是把自己封闭在一个孤独的小世界里。让孩子学会交流，需要遵守一些规则：比如不要打断别人的讲话，要学会倾听，让别人表达完自己的想法；我们可以不同意别人的观点，但不要因此而质疑或抨击别人的人格，千万不要说："你能这么想真是太愚蠢了！"给孩子制定的交流法则，家长自己也要遵守才行。

一些偏见也可能会阻碍孩子某些智能的自然发展。比如，在一些家庭和文化中，培养男孩的艺术天分是一件不被看好或不被接受的事情。同样的，也有一些活动不鼓励女孩参加（比如很多人都认为女孩踢足球不如去跳舞），或者，有一些能力被认为是“男孩的专利”，比如科学研究能力。

接受你的孩子还不具备成人化的理性思考能力。当孩子不能理解一件事情的时候，不要告诉他是因为他比较迟钝或不够聪明，这样会打击孩子的积极性，扼杀孩子想要探索世界和理解世界的愿望。并且，当孩子真的遇到需要你帮忙一起解决的问题时，他可能会不愿意再找你，而去向一些不够可靠的人寻求帮助。

以上这些“破坏性经历”只要不是经常发生的话，是不会对孩子的智能发展产生太严重的影响的。不过，如果日积月累的话，还是有可能会造成悲剧性的后果，对孩子的发展造成长期的阻碍。同时，家长朋友们还要注意孩子长期接触的其他人，他们也可能会对孩子的某些智能发展产生长期的负面影响。

不管你是有意还是无意当中破坏了孩子的智能发展，都应该向他表达你的歉意。努力帮助孩子重建自信，看看能否给孩子创造一次“定型经历”吧。

避免完美主义倾向

完美主义倾向也会阻碍孩子的智能发展，因为它不允许探索、尝试和犯错误，从而破坏了孩子能力的自然提升过程。如果孩子一心想着不管做什么都要做得完美，那么他就不肯轻易冒险去尝试新的事物。假如你批评孩子的画画得不好，向他指出你发现的各种错误，那么他就会觉得自己没有能力画出完美的画作，从而停止尝试。当孩子想要试着独立去做一件事情的时候，如果你总是说“放着我来吧，这对你来说太复杂了”，或者“你做不到的”，甚至是“不要这样做，这样是行不通的”，将会削弱孩子的创新精神和自信心。你这是在暗示孩子，他没有能力做好这件事情，他的智能发展将会因此而停滞不前。

如果你发现孩子的某种智能曾经比较发达，现在却停滞不前，那你就需要反省一下，自己是不是用完美主义去要求了孩子。如果是这样，那么你可以跟孩子谈一谈。在学校里，我们常常看到类似的场景：一旦老师开始按照固定的评分标准对孩子们画的画进行打分，很多孩子就会放弃画画的爱好。

还有一种形式的完美主义也会阻碍孩子的智能发展，那就是不断地在朋友或熟人面前炫耀孩子正在发展中的某种智能：“他已经会用钢琴弹奏《致爱丽丝》了！”“他滑雪已经滑得不错了！”“看看他刚刚画的画，画得真棒！”如果家长过于急切地展示孩子的能力，也有可能会阻碍孩子的发展。

和学校的第一次接触

孩子入学，对于家长和孩子来说，都是人生中的一件大事！经过和家长亲密相处的几年时间，孩子以后的智能发展、认知发展和社交发展在很大程度上就要由学校来负责了。孩子将会进入一段全新的生活，过上一种非常有组织但并不一定顺应他的自然发展模式的生活。至于家长们，你们也要开始服从学校的规定：检查孩子的家庭作业，和老师们保持联系……有时，一切会逐渐步入正轨，而有时，孩子的入学则是一段漫长的、极为复杂的时期的开始，需要家长和孩子共同应对。“多元智能”的视角可以帮助大家把孩子的求学之路调整到最优。

多元智能理论和学校教育体制：巨大的差距

“法式”幼儿园教育因为教育手段的多样性而广受好评，在这里,孩子的每一种智能都能得到运用。而孩子一旦进入小学一年级，学校的教育重心很大一部分就转移到了言语—语言智能和逻辑—数理智能上。到了初中和高中，毫无疑问，整个教育体制几乎无一例外地建立在这两种智能的基础之上。

特别是，学校往往认为除了这两种智能以外的其他智能——音乐—节奏智能、身体—动觉智能、视觉—空间智能、自然观察智能、交往—交流智能和自知—自省智能的使用和发展都是多余的（或者至少是次要的），有时甚至反对它们的发展，比如，如果一个孩子需要和其他的孩子一起学习（运用交往—交流智能），那他可能很快就会受到惩罚。

如果孩子们在婴幼儿时期主要发展的是除了言语—语言智能和逻辑—数理智能以外的其他智能，那么他们就很难按照学校规定的模式进行学习，在学校里也很难展现出他们真正的能力，他们的学业有可能会因此而遇到困难。可是，等孩子们长大了，很多职业都对身体—动觉智能有比较高的要求，不光是足球运动员和舞蹈演员，外科医生、演员、木工、机械师和雕刻家的工作也都需要良好的身体—动觉智能。飞行员、建筑师、泥瓦工和工程师则需要具备良好的视觉—空间智能。而说到交往—交流智能（它是很多职业要求的一个关键素质），不管在职业生涯还是个人生活中，在任何情况下想要获得成功，良好的理解能力和沟通协作能力都是十分重要的。

所以，不论是个人还是社会，都会受益于认可和注重培养人的多元智能的教育方法。拥有良好而均衡的多元智能，将会帮助孩子在成年后完成各种复杂或普通的任务。比如，单是开车这一件事情，要想负责任地开好车，就需要有良好的言语—语言智能（能够又快又准确地读懂道路指示牌）、逻辑—数理智能（能够判断到达目的地的最优路线）、视觉—空间智能（知道怎样在空间中移动，理解道路图标，会准确地停车）、身体—动觉智能（能够准确地控制方向盘）、交往—交流智能（对其他的司机保持耐心和礼貌）、自知—自省智能（知道自己在道路上将会遇到哪些困难，比如夜间驾驶的时候）、音乐—节奏智能（注意发动机的声音和外界的声音）和自然观察智能（“我是不是需要一辆大型的 4×4 的 SUV 送孩子们去上学？”）——八种智能全部派上了用场。

开学

学校开学的这一天对孩子们来说可能是难以忍受的一天，从幼儿园开始就是这样。在 2018 年 10 月的一期《世界报》[1] 上，我们可以读到这样的段落：“开学刚刚进入一年级的小学生罗曼，连续四天走出学校时都神情沮丧，晃动着胳膊，做出刚刚从惨烈的战

1《世界报》：法国主要日报之一，是法国在国外发行量最大的日报。

争中逃离的姿势。‘我真的做不到。’该名小学生表示。”

一位专家、家庭心理医生（报刊记者是这样介绍的）从目前仍在广泛施行的学校教育制度的角度出发，这样评论道：“罗曼只是在同现实进行抗争，同孤独、分离、融入群体的困难、固定自己的身体（因为上课时需要一动不动地坐着）作斗争……他正在经历人人都会产生的一种自然的感觉和情绪。这甚至可以说是一种适应性的反应。”换句话说，如果一个孩子经历了四天的学校生活后，已经失去了反抗的勇气，准备好当一名乖乖的学生，这是很正常的事情。他需要很快地明白，生活是艰难的。

或许在你的孩子入学之初，或者在他的整个学业生涯中遇到困难的时候，你都会这样对他说：“孩子，你要学会忍受，这都是为了你好！”

根据许多研究，我们可以并且应该断然地拒绝这种思维方式。营造一个保护和尊重孩子的学校环境，并不会阻碍孩子的进步，而是恰恰相反。从生物学的角度来看，把孩子长期置于压力之下，才会阻断孩子认知能力的发展。

依靠孩子的“优势智能”

我们已经知道，依靠孩子的“优势智能”，可以让孩子体验成功，收获自信，并能为孩子“弱势智能”的发展搭建起一座桥梁。在学校也是一样的道理，如果孩子经常有机会运用自己的“优势智能”，将会产生很多积极的影响：

- 孩子能够得到老师和同学的认可，体验到成功的感觉，感受到自己的价值。

- 如果孩子的言语—语言智能和/或逻辑—数理智能比较薄弱，通常表现为语文或数学成绩不好，那么他可以在运用自己“优

势智能”的学科中得到更多的成功。

- 如果孩子能够经常（至少是时不时地）在学习当中运用自己的“优势智能”，那么他会变得更加敢于冒险，更加愿意尝试使用那些相对薄弱的智能，从而慢慢地取得进步。

不过，并非所有老师的教学手段都能从“多元智能”理论的视角出发。这就要求家长朋友们在家里辅导孩子做功课的时候，尽可能地帮助孩子利用自己的“优势智能”（比如运动、音乐或画画），用适合孩子的方法学习单词拼写、乘法口诀表、历史课本或毕达哥拉斯定理。不过，家长在运用这种理想的方法时，可能会遇到一些困难，比如：

- 除了老师在学校运用的教学方法，不知道还能怎样“换种方式”。
- 缺少时间：帮助孩子运用其他智能会花费很多的时间。
- 为了在考试中能够取得好成绩，孩子和家长都希望完全按照老师建议（或要求）的方法进行学习。

所以，家长朋友们，你们需要尽自己最大的努力来处理这些矛盾。你们可以不用改变学校的教学方式，只需要建议孩子在课余时间多参加一些能够锻炼各种形式智能的活动就可以了，当然，也不用报很多的兴趣班来占据孩子过多的业余时间。只有多种智能和谐发展，孩子才更有可能在学业上获得成功。

对标准教学体制的一点思考

多元智能理论是一个出色的教学工具，从幼儿园到大学，到成人培训，都可以运用。世界各地已经有越来越多的老师都或多或少地把这种理论融入到了自己的教学当中。

对幼儿园和小学教育来说，我们并不反对让孩子掌握一些基本的技能，比如阅读和算术（不知大家是否知道，在巴赫生活的时代，比起算术，学校里更加重视音乐教育？），我们质疑的是，应不应该让所有的孩子在同一时间，以同样的方式，学习同样的内容。我们应该认识到，每一个孩子都是独一无二的，都有自己独特的发展模式和自己的“智能花束”，这样才能根据孩子的个人能力，帮助孩子更好地适应将来成年后的生活，更好地融入他所生活的社会。

对老师来说，要关注到每一个学生的不同，似乎不是一件容易的事情。但是，在教学当中能够针对不同的学生做到因材施教，既是有必要的，也是应对我们这个时代的困难和挑战的要求。

霍华德·加德纳在美国主持的一项名为“光谱计划”的计划中指出，从孩子四岁开始，就完全可以依托孩子的“优势智能”开展恰当的教学活动。加德纳还探索了许多不同的方法，帮助老师和课程设计师们根据每个孩子的需求，优化教室的环境，调整学校的课程和活动。在这些方法中，他强调，老师和家长一定要保持密切的合作。

霍华德·加德纳指出，现在许多教育学家一致认为，传统的教学模式，即老师讲课—学生做练习—通过笔试对学生进行考核的这种模式，既不适合学龄前儿童，也不适合更大一点的孩子。孩子们需要的是一片广阔的、没有人为限制的探索空间，可以让他们充分发挥自己的兴趣专长，并得到身边的大人的认可。

所以，在教育体制中存在着两种主要的教育方式：一种方式试图建立一个统一的标准，认为所有的学生都应该在同样的时间，以同样的方式，学习同样的内容；另一种方式则试图根据每一个学生的个人能力和学习方式来选择最适合学生的课程。

“基本技能”的储备

在学前教育和初级教育阶段，孩子需要掌握一些基础的能力，也就是我们所谓的“基本技能”，我们经常简单地把它总结为“读、写和计算”。这些“基本技能”的局限性还有待进一步讨论，并且我们应该认识到，发展孩子的音乐素养、运动机能、人际交往能力和自我认知能力同样重要。不论如何，一个在“基本技能”的掌握上有困难的孩子，经常早早地经历失败、沮丧和一些困难。不过，这些困难不一定源于老师的教学方法，也可能是因为孩子没有机会使用自己喜欢的学习方法。通过运用多样化的手段，我们将更有可能使孩子获得“基本技能”，并让孩子在学校获得更多成功的机会。比如，对于一个音乐—节奏智能比较发达的孩子来说，通过音乐或歌曲的形式，他能够更容易掌握语法规则或乘法口诀表。同样的，在孩子入学之前，家长就可以让孩子习惯通过多种多样的方式进行学习。比如学习儿歌的时候，孩子可以听儿歌，唱儿歌，表演儿歌，讲儿歌，画儿歌的场景，和爸爸妈妈讨论这首儿歌……

第四章

为孩子创造一个“多元智能”环境

近年来，人们关于基因对人脑发育的影响的看法产生了很大的改变。在过去，大家似乎认为基因对人的影响是主要的，就像俗话经常说的那样："小个子父母生不出大个子孩子！" 然而，许多科学研究数据改变了这个观点：目前普遍认为，基因对人发育的影响大约占 40%。除此之外的所有影响都可以归结为一个因素：环境，对人发育的影响大约占 60%。

孩子的孕育、出生和成长环境，都受到很多因素的影响：家庭的社会经济情况，生活地点（富裕的国家、贫穷的国家、城市、农村、空气质量……），文化和社会因素（获取文化资源的便利性、社会价值观、宗教……），父母自身受到的教育，以及父母是否把自己接受的教育形式转移到孩子的身上，等等。

在培养孩子多元智能的过程中，关注环境是很重要的一个方面。在本书的最后一部分（见 152 页），我们提供的许多活动建议都是和多元智能环境相关的。

言语—语言环境

言语—语言环境包括一切和语言有关的素材，包括读的语言、说的语言和写的语言。

读的语言

喜欢阅读，能够明显地丰富一个人的内在，并有助于各种形式的智能的发展。以下几种方法能够帮助你营造一个让孩子产生阅读兴趣的环境。

让家里的各个角落都有可供阅读的书，比如孩子的卧室、客厅、厨房。

家长要做出榜样：在孩子面前经常读书或读报，去书里面查找资料或寻找问题的答案，把书当成是日常使用的物品，让它成为孩子生活环境的一部分。

给孩子提供一些可以激发阅读兴趣的书，比如有漂亮插图的绘本，漫画（孩子可以先看图画，慢慢地再学会读里面的文字），还有训练阅读的初级图书。别怕给孩子提供一些“对他来说太难了”的书，你会惊讶地发现，孩子一样能沉浸其中。

经常带孩子去当地的图书馆，要形成一种惯例。让孩子拥有属于自己的借书卡。在图书馆里多待一些时间，让孩子能有足够的时间坐在一个角落里翻阅图书，感受浓厚的阅读氛围。

在孩子三岁以前，要赶走他的阅读天敌——电子屏幕。

说的语言

婴幼儿的语言习得和他所听到的语言的质量和数量有着直接的关系。图中的两条曲线表明了孩子在不同的年龄段所习得的词汇数量，横轴代表孩子的年龄（用月龄表示），纵轴代表孩子学到的词汇数量。其中虚线表示父母的语言水平相对低下的孩子的学习情况，实线表示父母的语言水平良好的孩子的学习情况。

一些父母常常认为婴幼儿的语言能力是有限的，必须要用简单的方式和他们说话——这个想法实在是大错特错！其实，孩子从出生的那一刻开始，就已经做好了学习的准备，他们以惊人的速度学习着周围的一切——并且他们也能够学会，前提是我们要提供他们所需要的学习素材。

那么婴幼儿需要什么样的语言素材呢？家长需要注意以下几

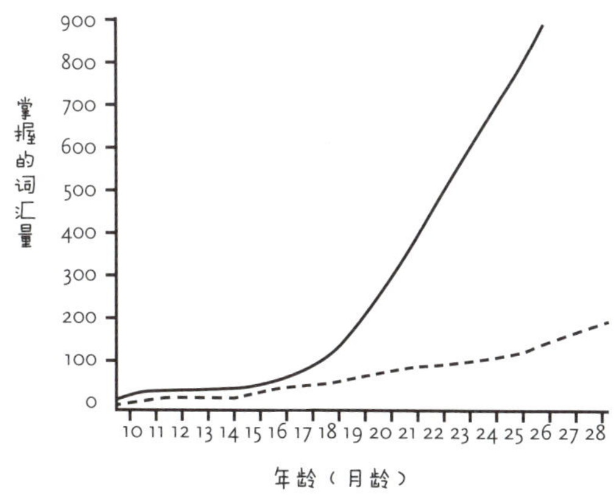

个要点：

- 语言的数量：从孩子出生到三岁这段时间内，父母对他说的话越多，他的词汇量就增长得越快。

- 要尽可能地多用不同的词语，使用比较长的词和复杂的句子。

- 使用背景介绍性的语言：当孩子在旁边的时候，向他描述你正在做什么。

- 通过目光交流、手势和不同的环境，让孩子接触不同类型的对话。

- 让孩子听真人说的话，而不是电视、平板电脑、智能手机或视频里的人说的话。

和小婴儿说话的时候，要注意以下几点：

- 不要使用太简短的词汇（比如“给！”“停！”）。
- 不要使用“儿语”。
- 家长要多和外人进行语言交流。
- 不要让婴儿看动画片。

等到孩子大一点，能用语言和大人交流了，还有几点额外的建议要送给家长朋友们：

- 要使用越来越复杂的词汇，要向孩子解释他所发现的一些新词（言语—语言智能）。
- 要教孩子“玩语言”：小孩子都很喜欢同音异义词游戏，谐音游戏，以及和词语有关的小笑话（言语—语言智能）。
- 让孩子了解不同的句子类型，比如肯定句、否定句、祈使句（言语—语言智能）。
- 让孩子准确地描述他所观察到的一切，比如一处风景，一

朵花，一个他所使用的物品（视觉—空间智能）。

- 和孩子进行讨论，询问孩子的观点（交往—交流智能）。
- 鼓励孩子运用语言进行逻辑思考，并学会为自己的观点进行辩论（逻辑—数理智能）。
- 让孩子用准确的语言、丰富的形容词描述自己的精神状态、感受和情绪（自知—自省智能）。

写的语言

对于婴幼儿来说，写下来的字词就像画一样。由于小孩子天生喜欢画画，所以他也会想要学习写字。孩子将慢慢地学会写字，也许是跟着爸爸妈妈学会，也许是入学以后在学校里学会。

家长要利用一切机会让孩子知道，写字是一件很方便的事情：

- 在玩具箱或果酱罐上贴一些手写的标签，用来分类。
- 给远方的亲戚朋友写张明信片。
- 摆脱所有现代化的交流方式，给自己的父母和兄弟姐妹写封信。

那么，应不应该在孩子很小的时候就教他在电脑键盘或平板电脑上打字呢？国外的一些学校甚至直接教孩子在键盘上打字，这种做法可不可取呢？事实上，专家们并不赞同这样的做法。他们指出，用手写字能够更好地开发孩子的大脑，特别是能够促进孩子阅读，提高孩子的抽象能力。

逻辑—数理环境

逻辑—数理环境的营造需要让孩子接触一些数字，激发孩子的逻辑推理能力和抽象能力。

让孩子接触数字

直到大约一岁，孩子对于“数数”都只有一个整体的概念：如果你指着三个苹果，大声地说“三”，孩子只能直观地记住“三”这个数量。随着孩子慢慢长大，他才能逐渐学会按照1、2、3的顺序数数。

你可以借助日常生活中的一些元素让孩子接触数字，不过，千万不要提前扮演数学老师的角色哦！以下几个方法可以帮助你

在孩子的生活中引入数字的概念。

- 在日常生活中使用数字的时候，你可以大声地说出这些数字，这样，孩子就能在他看到、听到的内容和数字的概念之间建立起联系（言语—语言智能）。

- 孩子生活中的许多场景都适合进行数数练习：比如让他数一数自己捡了几个贝壳，做一个苹果挞需要准备几个苹果，等等（自然观察智能、身体—动觉智能）。

- 有许多场景——特别是在厨房中——都可以让孩子熟悉重量和体积的概念与单位（逻辑—数理智能）。

- 一旦孩子长大了，就要让他习惯于用心算解决加、减、乘、

对于大一点的孩子：可以运用俄罗斯乘法

这个技巧可以帮助我们心算乘法，不过需要提前准备好纸和笔。我们以 26 乘以 38 为例。26 的十位数是“2”（代表 20），个位数是“6”。同样的，38 的十位数是“3”（代表 30），个位数是“8”。我们进行四次交叉相乘，然后把每次交叉相乘的结果相加。

十位数相乘：20 × 30=600

20 × 8=160，相加得 760

30 × 6=180，相加得 940

6 × 8=48，相加得 988

除问题。先从最简单的运算开始，然后逐渐加大难度。你可以和孩子一起探索，利用图表等运算技巧进行数学运算（逻辑—数理智能、视觉—空间智能）。

- 让孩子明白，对于许多难以计算或比较大的数字，可以使用近似法或四舍五入法表示（逻辑—数理智能）。

- 让孩子熟悉常见的数学工具，比如刻度尺、量角器、计算器等；向孩子展示这些工具在日常生活中的使用（逻辑—数理智能、身体—动觉智能）。

- 如果你有足够的音乐知识，就会知道数学和音乐之间有很多联系，你可以和孩子一起探索这些联系。比如音符是用分数表示的（一个四分音符等于两个八分音符），用手指按在弦乐器的一根弦中央再拨动，就可以得到高八度的同一个音符；玻璃杯里装的水量不同，敲击的时候发出的声音也会不同（音乐—节奏智能）。

逻辑和推理能力

孩子日常生活中的许多场景都有助于他的逻辑能力和推理能力的发展：为什么铅笔会掉到地上？为什么掉到地上的玻璃杯会碎，而铅笔却不会碎？闪电和雷声之间有什么关系？为什么要给植物浇水，植物才能生长呢？以下几个方法可以帮助锻炼孩子的逻辑能力和推理能力。

- 让孩子明白日常场景和我们的应对方式，比如天冷的时候，我们需要多穿衣服。

- 告诉孩子，有些事情必须要严格按照顺序进行，比如做蛋糕的时候，只有按照正确的步骤，才能做出成功的蛋糕（言语—语言智能）。

- 给孩子创造机会，让孩子发现问题，运用演绎推理（“如果……那么……”），提出假设，用一些“要是……”打头的句子去想象一些不同的选择（视觉—空间智能）。

- 鼓励孩子去发现和探索一些物理原理，比如：哪些东西会漂浮，哪些东西会流动；哪些东西轻，哪些东西重；什么会飞，什么不会飞；不同的容器有不同的容积，等等（身体—动觉智能）。

视觉—空间环境

孩子在一个三维的空间中成长，他正是通过这个空间来探索世界的。特别是，他会不断地接收到一些真实或虚拟的图像，这些图像有助于促进大脑的发育。

空间

孩子生活的空间布局和许多因素有关：

- （家里，特别是孩子卧室里的）家具，窗帘。
- 地面和墙壁（特别是它们的颜色和质地）。
- 采光（自然采光还是人工采光；使用全光谱灯，还是 LED 灯或日光灯）。

所有的这些空间环境因素都可能对孩子产生重要的影响。特别是，有研究表明，接受自然的太阳光照射（在阳光不足的情况下，可以使用明亮的全光谱灯），不论是对预防近视，还是对孩子的认知能力发展都是十分有益的，这是提高孩子的记忆力和学习能力的最简单的方法之一。孩子成长的环境质量还会影响他的审美能力。

以下几点建议能够帮助你更好地布置孩子生活的空间，包括整理空间和张贴空间。

整理空间

孩子不仅需要玩耍、搭建和实验的空间，也需要整理的空间。有了这样的空间之后，就可以自然地跟孩子说，洗漱睡觉的时间到了，应该停下手中的画，或者把正在摆的乐高拆掉，收起来放入收纳整理的空间了。

整理孩子的画和其他“平面”艺术作品：即使你把比萨归类为垃圾食品，那也有充分的理由去街角的比萨店，点一份大大的比萨，然后问老板多要一个空盒子吧。这可真是个完美的收藏夹，可以放下几十张孩子的画作或拼贴作品。你的“小小艺术家”还可以对盒子的外包装进行装饰，然后把它塞满，放到床下。

空纸盒也可以用来收集孩子的画作：剪掉盒盖，让它看起来就像真正的整理箱一样，还可以让孩子按照自己喜欢的风格在盒子上涂涂画画。

整理搭建玩具：塑料箱或结实的纸箱就能轻松收纳各种玩具零件。

整理还没有完成的搭建玩具：你可以让孩子在一个托盘上进行搭建，如果还没有搭完就需要收起来的话，那就可以轻轻一推，把它推到床下或家里其他的角落，这样就不用把玩具全部拆掉啦。

整理小玩意儿：小的工具盒或者那种挂在墙上的收纳袋成本

很低，是收纳铅笔、橡皮和其他更小的东西最理想的工具。如果孩子能够看到自己的东西分别放在什么地方，那他使用起来也就方便多了。

整理所有用来写写画画的东西：可以用弃置不用的筷子筒来收纳画笔和彩笔。

整理体积比较大而又不怕堆放的东西：可以用小的垃圾篓来收纳毛线、布料，或者袜子、打底裤。

张贴空间

很多家长常常以为只有非常正式地贴在家里的墙上或冰箱门上的画才算得上是孩子的张贴作品，可以向来客们展示孩子的艺术天分。当然，让孩子知道我们欣赏他的作品，支持他的进步，这一点很重要，但如果只满足于这种张贴形式，那就有点遗憾了。张贴可以有两种不同的目的：

- 展示孩子的作品。
- 鼓励孩子进行探索和学习。

好的张贴可以同时达到以上两个目的。把孩子的作品张贴起来，可以向他传递这样一个信息：他的作品是受到欣赏的。这能提升孩子的自我评价。张贴和某个特定主题相关的内容，可以帮助孩子学习，促使他进行钻研，并告诉孩子，同一个主题可以有不同的探讨方式。

如果家里的厨房够大，那就是一个非常理想的张贴场所了，不管是贴画作，还是等孩子大一点后贴字词表或数学公式，都是可以的。如果孩子能够经常看见这些知识，也就更容易记住它们。如果你不知道该怎么把这些图贴到墙上的话，可以挂一根绳子，用几个夹子把它们夹在绳上。当然，贴在冰箱上也是一个不错的选择！

你可以鼓励孩子制作和他感兴趣的主题或学校里正在学习的内容相关的“展览”（当然，只是临时性的展览！）。比如，孩子如果比较喜欢青蛙，那么他可以在茶几上铺一张绿色的布，然后在上面摆满所有和青蛙有关的物品：青蛙毛绒玩具、塑料小青蛙、和青蛙有关的图书或图片，还有他自己制作的青蛙作品。这能很好地激发孩子的视觉—空间智能和身体—动觉智能。你可以建议孩子给每一件物品都贴上标签，并给自己的展览取一个名字，这样还能激发他的言语—语言智能。等到孩子大一点，他还可以制作关于古埃及、老虎，甚至是纽约的展览（当然，都是临时性的展览！），展览的题材是无穷无尽的。这些展览可以在家里不同的角落进行。你还可以为这些展览组织开幕式，别忘了准备好开幕式演讲稿和小糕点哦。

注意：家里的张贴内容要定期更换，以免它们变成落满灰尘、毫无用处的东西。每一次撤掉展览之前，记得拍照留念。你还可以准备一本影集或一个大文件夹，和孩子一起制作一本关于所有展览的回忆册，在里面标注好每一次展览的题目、日期和照片。

造型艺术

让孩子和艺术，特别是造型艺术（比如素描、油画、雕塑……）建立起高质量的联系，将会带来无穷的乐趣，孩子会终生受益。

研究表明，艺术教育有助于培养孩子的创造性、坚韧不拔的品格和跳出传统框架的意识，不管在什么年龄段，这些品格都可以帮助孩子勇敢地直面各种困难和问题。良好的艺术素养还可以丰富人的情感。因此，家长和学校都应该重视孩子的艺术教育。

要想让你的“小小艺术家”能够尽情地发挥自己的艺术才能，至少要给他准备一些工具，比如颜料、画笔、雕刻工具、模型制作工具、切割工具等。

颜料：市面上很容易买到各种便宜的颜料，根据孩子的不同年龄段，你可以购买一些不同的颜料：水粉画颜料、水彩画颜料、油画颜料或丙烯颜料。对于小一点的孩子来说，那种固体的颜料块比较实用。

铅笔、彩笔和其他绘画工具：蜡笔、彩色铅笔、白粉笔、彩色粉笔，这些工具都很容易买到。小孩子一般都特别喜欢拥有各种各样的颜色。

雕刻和模型制作工具：橡皮泥、软陶泥和黏土都是很好的材料和工具，可以让孩子探索不同的艺术形式。

纸是最容易获得的材料了，不光可以用来画画、写字、折纸、剪纸，还可以用来制作面具和其他小玩意儿。你可以给孩子准备一些不同类型的纸，比如家里打印产生的废纸、小块的壁纸、可以写字的漂亮彩纸，还可以准备一些更厚的卡纸，以及各式各样的请柬、名片等硬纸。

拼贴作品材料：对孩子来说，拼贴有时候比画画更简单。你可以把旧杂志和图片比较多的漂亮包装袋留下来（很容易做到），找一个专门的纸盒存放起来。串珠、亮片、毛线头、碎布，小贝壳面、意大利面，还有一些天然的材料，比如树叶、花、橡子、豆荚、小草、小贝壳、羽毛等，都可以作为拼贴的材料。准备好适合孩子用的剪刀、胶带和胶水。

其他材料：当代艺术家们会利用他们手边的一切物品（有一些甚至是在我们看来应该直接丢进垃圾桶的东西）来创作他们的艺术作品。在这种思路下，你可以把商品的外包装全部都进行回收利用，比如鸡蛋盒、卫生纸的卷筒、酸奶罐、装果蔬的网兜，等等。在孩子的想象当中，一个简简单单的纸筒就可以变成导航灯、火箭，也可以变成搭建玩具的材料。

图像和电子屏幕

两到四岁的孩子平均每天看电视的时间为两个小时，还有一些新型产品的屏幕在吸引着他们的注意力。尽管所有的婴幼儿专家都不赞同，但现在市面上还是有适用于九个月以上的婴幼儿的平板电脑在售。一些婴幼儿电视频道每天 24 小时放送节目，而且在手机上也可以观看这些节目。很多婴幼儿在两岁之前，甚至在六个月大的时候就开始接触各种屏幕。需要提醒大家的是，多年来，许多专家一直都在强调：电子屏幕对婴幼儿，特别是三岁以下婴幼儿的发育十分不利，因为这个阶段是婴幼儿大脑发育的关键阶段。三岁以后，观看一些针对学龄前儿童的、经过严格审查的电视节目，还是有一定好处的。不过，三岁以前，还是应该完全禁止孩子观看任何形式的屏幕。心理医生塞尔吉·提塞隆主张，要“合理使用”

屏幕。法国儿科协会认可了塞尔吉·提塞隆的“3—6—9—12 原则”。这个原则有四个基本内容：

√ 孩子在三岁之前不要看电视；三岁之后可以看，但是要有选择性地看。

√ 六岁之前不要让孩子玩电子游戏。

√ 九岁开始，孩子可以在大人的陪伴下上网。

√ 十二岁开始，在遵守相关法律法规的前提下，孩子可以独自上网。

从三岁开始，孩子可以非常有节制地看电视，而家长也要开始控制孩子的观看时间了，以下是专家们的几点建议：

√ 不要让孩子在自己的卧室里看电视（绝对不要在孩子的卧室里安装电视机）。

√ 孩子一定要在大人的监督下看电视。

√ 大人和孩子一起选择某个特定的电视节目。

√ 要事先规定好观看时间。

从小就过多接触屏幕的孩子，在成长的过程中会遇到很多问题。以下是婴幼儿专家们指出的一些常见问题：

√ 身体能动性不强。

√ 语言发育迟缓，不管是表达能力还是理解能力。

√ 行为障碍：要么没有精神，要么十分多动，没法一个人安

静地待着；承受不了任何挫折：一些孩子三岁就从幼儿园退学了，因为他们完全接受不了学校里的规则。

√ 注意力障碍，有些孩子会产生一些类似于自闭症的表现，比如不说话，没法把目光投向别人。

√ 睡眠问题，入睡困难；缺乏好奇心，行动困难。

√ 缺乏努力的欲望。

√ 对课堂的兴趣降低；上课注意力不集中；在数学和阅读方面能力不足。

√ 校园骚扰行为的风险增加。

√ 身体活动（爬、跳、跑……）减少，有时还会有严重的运动发育迟缓。

√ 社交的减少；和爸爸妈妈以及别的大人缺乏互动——当然，大人们自己也常常忙于使用屏幕。

√ 喝甜味汽水和吃零食比较多。

√ 青春期抑郁症的风险增加，容易否定自己。

以上这些损害往往不仅出现在幼年和青春期：如果孩子在小时候过多地接触了屏幕，成年后有时也会产生严重的心理障碍。

专家们认为，这种情况是可以逆转的：当孩子们对屏幕的接触减少，他们的兴趣就会回到游戏、语言交流以及对环境的好奇上。

要消除孩子因为接触屏幕过多而产生的症状，是一件比较困难的事情，因为屏幕特别容易让人上瘾：它就像毒品一样，一旦染上，就很难戒除。一些孩子半夜起来玩手机，还有些孩子为了看电视，星期天的早晨起床越来越早。如果家长没收孩子的手机或关掉电视，他们就大哭大闹，在地上打滚……帮助孩子戒除屏幕可能需要长达两周的时间，在这期间，孩子有时可能会表现出很严重的戒断反应。这对于家长来说，是一个真正的考验。

至于电子玩具，一位学者是这样评价的："一件玩具应该只有10% 的成分是玩具，剩下的 90% 应该由孩子来开发。但对许多电子玩具而言，玩具本身的成分已经超过了 90%，孩子的主动性只占很小的一部分。"电子玩具和图书以及传统的玩具相比，会降低孩子语言使用的数量和质量。为了促进孩子早期的语言发展，应该尽量减少电子玩具的使用。手机屏幕、游戏机和电子玩具都起不到培养孩子的作用。它们虽然好玩有趣，但充其量只能算是孩子的临时保姆，而不能丰富孩子的认知。家长们千万不要陷入商家的营销陷阱，也不要轻信一些商家所谓的这样那样的电子游戏和那些“具有教育意义的”视频对孩子的智能发展必不可少的那一套言论。这并不是说永远都不能让孩子接触屏幕，而是应该知道，屏幕的教育作用是微不足道的。观看屏幕的时间要合理，还要有明确的限制和规则。对于一些家长来说，这个方法很容易施行，而另一些家长却很难做到。不论如何，屏幕的使用都让今天的家长面临着更加复杂的教育任务。

身体—动觉环境

良好的身体—动觉环境应该能让孩子身体得到发育，并能学会准确地控制和指挥自己的身体。

运动

不管是小孩还是大人，现在的人们外出的频率越来越低了。殊不知，运动是一种刺激人的大脑运转和反应能力的极佳方式，因为它能促进人的血液循环，向大脑输送更多的氧气，从而促进良性荷尔蒙——比如内啡肽[1]——的释放。对孩子来说，长期坚持适度的身体锻炼，有助于促进孩子在学业中的表现，从长期来看，直到青春期，这都能对孩子产生积极的影响。

孩子在幼年时期应该进行各种各样的身体活动（移动、爬、跑、攀爬、跳……）和精细运动（拿勺子、学习走路、骑自行车……）。

游戏对于孩子运动机能的发展有着重要的作用，它能帮助孩子养成良好的体魄，维持孩子的心血管健康。它还能保持肌肉的紧张度，促进孩子的骨骼发育。

在有条件的情况下，户外游戏是最理想的选择了。不过，在高度城市化的环境中，那些广场公园里的游戏设施（比如滑梯、绳索、吊桥、旋转木马、秋千等）对孩子的运动机能发展并没有太大的好处，因为它们并不是孩子的身体运动能力以及和它相关的大脑区域发展的最佳方式。一项研究甚至指出，现在城市、幼儿园和小学校园里的游戏场地会对孩子玩耍能力的发展造成阻碍。所以，家长们必须要给孩子创造一些自由地玩耍和运动的机会。也有研究表明，一些廉价的物品，比如小桶、纸板、箱子等，比城市里的游戏场所更有助于激发孩子的游戏能力。

1 内啡肽：也叫安多芬或脑内啡，它能与吗啡受体结合，产生跟吗啡、鸦片剂一样的止痛效果和欣快感，等同于天然的镇痛剂。

游戏和玩具

现在市场上的玩具和游戏产品琳琅满目，数不胜数，家长们很难避开昂贵而无用的消费，买到适合自己孩子的产品。大家可千万不要被泛滥的广告轰炸了，就像我们本书开头引用过的美国学者埃里克·詹森所说的那样：孩子在五岁之前都不需要电池驱动的玩具。

一些游戏应该进行广泛的推广，另一些游戏则应该被驱逐出境。

搭建游戏应该在孩子的游戏当中占据重要的地位：一开始可以让孩子玩一些简单的积木，随后可以让他玩简单的乐高，慢慢地再玩一些更加复杂的乐高。要优先选择那些没有特定主题的搭建玩具，它们既便宜，又不会限制孩子的想象力。你可以经常把搭建玩具作为礼物送给孩子，或者淘一些二手货，积攒越来越多的玩具零件。小孩子最好玩大一点的零件，随着孩子慢慢长大，可以让他玩越来越小的部件，包括发动机和齿轮，开关和传动带，小灯和机械零件。搭建游戏还需要一些人物，来丰富孩子的想象力。

小人的选择和来源可以多种多样。你可以和其他人进行交换，可以回收，可以去私人旧货集市和二手市场淘货，这样就不会造成浪费。

户外活动玩具，比如旱冰鞋和自行车，可以锻炼孩子的平衡能力和手眼协调能力，还能让孩子明白，成功不是一蹴而就的，只有持之以恒才能取得进步。如果你家里有花园的话，可以在花园里做一个沙盘和一个水池。对于孩子来说，沙子和水既好玩，又可以进行无数的“科学实验”：孩子可以知道什么会漂浮，什么会流动，或者明白水力的概念。如果家里没有花园，那么找一个大盆、往洗碗槽或洗手池里倒些水让孩子玩也是可以的。

换装游戏是一个常玩常新的探索发现游戏。你可以留着家里的旧衣服，也可以去各处搜集一些衣服和配饰，比如帽子、丝巾、首饰、手提包等。小一点的孩子喜欢穿各种不同的衣服，并把它们加入到自己的游戏当中；大一点的孩子喜欢装扮成他们在学校的历史课、电影或电视剧里看到的历史人物。

每个家庭都应该收集一些木偶，如果有条件的话，还可以准备一个表演戏剧的“小剧场”（或者是找个纸箱，把它“改造”成剧场）。让木偶“说话”，能让孩子同真实的自我保持更好的距离（因为这不是孩子自己在说话，而是木偶在说话），这样，孩子就能更自在地表达自己关于友谊、失去、竞争、嫉妒等的困惑和问题。玩木偶还有助于锻炼孩子的语言能力、想象力和讲故事的能力。

食物

健康、丰富和均衡的饮食有助于孩子的身体健康和大脑的良好发育。随着孩子可以吃的东西越来越多，食物的质量和多样性对于孩子认知能力的发展有着直接的影响。所以，家长也应该重视孩子的饮食，并让孩子知道好好吃饭的重要性！

也就是说，饮食质量有保障的孩子，智力也往往发展得更好，并为他一生的健康打下基础。许多研究证实，人一生的健康状况主要取决于幼年时期，由此产生了“人生的第一个 1000 天”[1]的观念。这个观念指出，从胎儿时期到孩子两岁，环境（比如没有压力的环境）和食物（比如五岁之前不要喝碳酸饮料）的质量十分关键。从妊娠初期到孩子两岁，在这关键的 1000 天中，妈妈和宝宝要注意的营养健康原则可以总结为以下几点：

- 准妈妈和新妈妈一定要保证良好的饮食；孩子 6 个月以前尽量采用母乳喂养。

- 妈妈对于自己和宝宝食用的东西一定要保持高度的敏感，

1 https://thousanddays.org/ ; https://1000jourspourlasante.fr/（原作注）

要抵制市场上一些不良的农产品品牌。

- 要确保妈妈和宝宝都能获得高质量的健康护理和社会支持。

需要特别指出的一点是，一些家长在孩子很小的时候就开始给孩子喝碳酸饮料，对此，专家们指出，摄入过多碳酸饮料的小孩更容易具有攻击性，注意力更容易产生问题，更容易打架和损害别人的利益。对青少年来说，过量饮用碳酸饮料更容易引发一些心理问题。而对成年人来说,则更容易引发糖尿病和心血管疾病。

音乐—节奏环境

有谁会认为音乐对人的发展是必不可少的呢？其实，很多专家都指出（虽然他们对此还不能给出很好的解释），在人生的各个阶段，音乐在我们的生活中都起到不容小觑的积极作用。

胎教中的声音环境

孩子早在出生之前就已经可以感知各种声音了，比如人说话的声音，外界的其他声音，还有音乐。专家指出，从孕期的第四个月开始，胎儿就可以感知到妈妈的声音，并能把它和自然界中的其他声音区分开来。将近六个月大的时候，胎儿就能分辨出爸爸更加深沉的声音。也正是从这个时期开始，胎儿开始对某些音乐表现出一定的喜好：据观察，胎儿在听古典音乐的时候往往表现得更加安静，特别是听莫扎特和维瓦尔第的时候；相反，当胎儿听到贝多芬和勃拉姆斯的一些曲目，还有摇滚乐的时候，就会变得更加活跃，胎动更加频繁。多让胎儿听听音乐，对于直到孩子一岁半之前的亲子关系也有很多积极的影响。不过一定要注意：千万不要把音乐播放器直接放在孕妈妈的肚子上，因为有可能会对胎儿的听力造成损害。

声音环境

刚出生的小婴儿能探索到的声音有很多来源：

外部环境的声音：人为产生的声音，比如汽车声、卡车声、汽笛声；自然界的声音，比如雨滴声或风吹树叶的声音。

居家的声音：婴儿很快就能学会识别说话声、脚步声、电视声、洗澡时的水声。

有些声音婴儿很喜欢，有些声音他们不喜欢。孩子很小的时候，要尽量避免一切能给他造成压力的声音，特别是电视的声音。虽然婴儿还不能理解这个神奇的机器发出来的声音（还有图像），但

他们会想办法去辨认，并把这种声音看成是一种威胁，这会过度开发他们的大脑中负责应对压力的区域。

音乐环境

人是唯一会创作音乐的灵长类动物。那么，音乐难道只是人类精神的一个附属产品吗？还是有其他的作用呢？专家们发现，音乐有许多积极的作用，特别是对小孩子来说：

- 音乐有助于社交：唱歌和弹奏乐器都需要良好的互助和合作，能够明显地改善孩子的社交行为。
- 音乐能促进学习，培养孩子解决问题的能力。
- 音乐使读和写的学习变得更加容易。
- 音乐能缓解有情绪问题的孩子的感受，特别是在学校当中。

- 孩子从三岁开始就可以学习弹奏乐器，这对于他的大脑发育有很多积极的影响。

音乐对孩子的有益影响可以一直持续到青春期。以下是专家们指出的音乐可能产生的益处：

- 学习音乐可以让孩子的在校成绩更加出色。
- 听音乐或演奏音乐能让许多青少年远离毒品。
- 学习音乐能让孩子保持更好的状态，并能学会更好地管理时间。
- 演奏音乐能让孩子获得更好的自我评价。
- 参加音乐小组或乐队能让孩子更加乐于接受挑战，增长孩子的好奇心。
- 接受音乐培训能让孩子更好地控制自己的暴力冲动和攻击性。

等孩子稍微大一点，家长就可以跟孩子说话和讲故事了，对于孩子来说，这也是一种音乐。要想让这种“音乐”变得更加悦耳，家长在和孩子说话的时候应该注意：语调要温和、柔美，不能带有攻击性。

交往—交流环境

人是一种社会性动物，需要和别人共同生存。孩子成长的社会环境将会影响他的一生，特别是他的情感和职业，所以，家长要特别重视这一点。

孩子之间以及他们与大人的互动

早在很久之前，孩子和他人互动的重要性就已经得到了证实。互动需要有合适的地点、合适的场合和良好的互动方式。

适合互动的地点。对小婴儿来说，这首先就是指他的小床和餐椅。随着孩子慢慢长大，这个地点可以转移到客厅的沙发上（当然啦，一定要关掉电视！），厨房里，游戏垫上或其他舒适的地方。

适合互动的场合。最好和孩子保持频繁的短时间互动，而不是偶尔一次、长时间的、提前规划好的互动。要利用一切机会和孩子说话，而不要说："这个周末带娃肯定会很难熬。"同时，也要让孩子和不同的人进行交流：其他小朋友，你的朋友，孩子的爷爷奶奶、叔叔阿姨、表兄弟表姐妹……等孩子长大了，可以让他参与到你的各种活动中：做饭、修修补补、整理房间、打扫卫生……家人一起外出也是一个分享的时刻，可以产生很多互动。和家人一起玩耍，特别是玩棋牌类游戏和其他需要共同参与的游戏，都是孩子学习社交的理想机会。

良好的互动方式。孩子小的时候特别需要感受到爱意，大人可以通过说话，也可以通过动作表达自己对孩子的爱。爱抚，不光对小孩子有好处，对大人也是一样。如果情感环境足够强大，那么孩子就更有信心去探索世界，逐渐用自己的翅膀飞翔。这对孩子的整个人生都有积极影响，特别是对孩子的身心健康有很大的好处。

一般来说，人与人之间的高质量互动要遵循几条规则：互相尊重、倾听和信任。这能创造一个良好的环境，让孩子感觉自己

是受到认可和支持的，生活中的困难都是可以大家一起解决的。慢慢地，孩子的交流能力、协商能力和解决冲突的能力都会得到提高。相反，一个充满批评、冷漠和过度管制（反驳孩子的一切，不允许孩子有自己的观点，不回应孩子的问题和要求，让孩子始终保持独立，干涉孩子的私生活）的环境对于孩子的负面影响也会持续一生，一些专家指出，这些负面影响甚至会持续到孩子六十岁以后！

一些其他因素也能帮助创建一个有利于孩子成长的良好的互动环境：

- 良好的夫妻关系；父母之间不要有频繁的争吵。
- 等孩子大一点，每周至少和孩子一起吃三次晚餐；经常和孩子交流，孩子其实并不是我们想象的那样，只喜欢玩游戏或盯着屏幕看，研究表明，当孩子和父母或兄弟姐妹互动的时候，他们往往感到十分幸福。

家庭游戏

家庭游戏是一种很好的互动方式，比如打牌、下棋等。这些游戏并不是毫无意义的，它们可以促进孩子的大脑发育。在这个过程中，孩子既能感受到快乐，也能提高自己的适应能力和社交能力。

家庭游戏还能缓解孩子的压力（要知道，压力是孩子幼年时期的“神经元杀手”）。并且，当孩子以后和别人一起玩的时候，就可以运用自己在家庭游戏中学到的社交技巧，学会遵守规则，管理自己的压力和情绪，解决冲突。

游戏还能刺激可以促进学习能力和大脑可塑性的神经递质的分泌。它能激发孩子的好奇心，对孩子的记忆力、语言能力和身体灵活性的发展都有重要的作用。总之，游戏对于孩子而言好处多多，对他们的身体健康、情绪健康和智力发育都是必不可少的。

对家长来说，游戏可以让他们重新体会到童年的快乐。他们还可以：

√ 学会通过孩子的眼光看世界。

√ 以一种更加放松的方式和孩子交流。

√ 发现自己的兴趣和爱好。

√ 充分感受孩子的成长。

另外，通过和孩子一起游戏，指导和帮助孩子发展智力，提高身体素质和社交能力，家长们同时也帮助孩子做好了上学的准备，这不光让孩子拥有好奇心，也让他们拥有了学习的能力。

自知—自省环境

并不是只有去寺院静修过的人才拥有丰富的内心世界，只要给孩子创造一个独立思考、认识自己的成长环境，孩子的自知—自省智能从很早就可以获得发展。

回归本心和独立思考

一些家长看到孩子安安静静的，好像没有在做什么特别的事情，就开始担心了：孩子就这样什么也不做，他的智力可怎么发育呀！于是，他们开始想方设法地让孩子参加各种各样可能会引起他兴趣的活动（比如外出，玩游戏，去小伙伴家玩，画画……），而孩子其实只想一个人静静地待一会儿。不要以为这时候孩子的大脑就不活跃了，恰恰相反：他是在花时间整理自己接收到的所有信息，并想办法理清楚这些信息的关系和顺序。

孩子需要有独立思考的时间、地点和场合，这一点很重要。

时间：不要一直让孩子参加各种各样的活动，特别是当孩子的课业负担越来越重的时候。不要害怕听到孩子说出“好无聊啊！”这句话，更不要回答说“那就过来看个视频或者玩会儿游戏机吧”。你可以这样回答：“我觉得可能是你的大脑想找一些有趣的事情做，或者想安静地思考一会儿。我相信你能想出来的。”

地点：可以是家里的一个安静的角落，有坐垫、毛绒玩具和可以随手翻阅的绘本；也可以是和你一起去公园或森林里散散步，这些都有助于思考。

场合：听完睡前故事，入睡之前，这通常是独立思考的最佳时机。你可以让孩子回想一下一天当中发生的重要的事情，回想一下自己这一天之内和大人进行了哪些讨论，表达了自己的哪些观点和感受，这些都能促进孩子的内在思考。一些适合孩子的默想技巧也可以帮助孩子独立思考和更好地认识自己。

情绪环境

孩子通常会以一种自然的方式，有时也会以一种尖锐的方式发现不同的情绪：比如生气、难过、嫉妒、快乐，还有其他的情绪。家长的反应将会影响孩子“情绪智能”的发展，以及交往—交流智能和自知—自省智能的结合。

一些情绪，比如欢乐、愉悦或兴奋，具有积极的意义，看到自己的孩子高兴，家长也往往会产生一种幸福感。而另一些情绪，比如生气、难过、害怕，则具有消极的意义，家长也难以管理。

面对孩子的消极情绪，比如生气，家长们通常有以下四种做法：

√“问题出在哪里？”：家长不关心、不了解或不重视孩子的情绪。

√“这样可不好！”：家长对孩子的情绪进行批评，并因为孩子表达了自己的情绪而做出不好的评价。

√“我的小可怜……”：家长接受孩子的情绪，并对孩子表现出同情，但却任由孩子的情绪继续发展下去，并不给出建议，也不给孩子的行为制定界限。

√“情绪教练”：家长接受孩子的情绪，但这并不意味着接受他所有的行为，而是要引导孩子排遣这种强烈的情绪，并帮助孩子通过其他的方式解决问题，决不能摔玩具或打人。

要想成为孩子的“情绪教练”，家长必须要帮助孩子学会用语言表达自己的情绪。小孩子可不会这样说：“亲爱的妈妈，我为我的生气行为感到抱歉。这是因为，在幼儿园换了新的班级以后，我面临着一些没有预料到的压力。”大人知道应该怎样表达自己的情绪，孩子可不知道。所以，家长要帮助孩子理解自己的情绪，说出自己的感受。说清楚自己当下是何种情绪，可以把一种不定形的、可怕的或者不舒服的感受变成一种可以确定的、有界限的东西，并认识到它是生活的一部分。生气、难过和害怕是所有人都会有，也都能控制的经历。这并不是说你要直接告诉孩子他会感受到什么，而是要教孩子掌握一些表达情绪的词。研究表明，说出自己的情绪是怎样的，仅仅这样一件简单的事情就能对孩子起到安抚作用，帮助孩子更快地战胜负面情绪。

关于人的存在的问题

小孩子天生有一股好奇心，他们从很小就开始问各种各样的、关于任何事物的问题，他们这是在尝试给自己接收到的无数的信息赋予意义。这些问题轰炸在孩子五岁左右会达到顶峰，你可能会被追问得筋疲力尽，但你回答的质量对孩子探索世界和保持一颗好奇心都是至关重要的。好奇心重并不是一个令人讨厌的缺点，而是一件值得鼓励的事情。在孩子所有的问题当中（不管孩子有没有表达出来），有一些是关于人的存在的问题，也就是那些涉及人类的生存基础的问题：比如生和死，公平和不公平，幸福和不幸，富有和贫穷，好和坏。如果孩子提出了类似这样的问题，家长一定要认真回答。可是，作为家长来说，有可能连自己都没有一个确定的答案，又该怎样回答孩子呢？幸运的是，近几年来，一些“儿童哲学运动”蓬勃发展起来，许多相关的书都问世了，这些书能够推动家长和孩子们进行更加深入的思考。不过，买书的时候，家长一定要让孩子自己选择主题，而不要自作主张，因为孩子选择的往往是自己亲历的有关主题。

和爸爸妈妈一起探讨哲学话题，既能让孩子学会通过理性的语言进行讨论，又能让孩子学会尊重别人的想法，保持善意。这个时候，家长不要用专断的方式把自己的看法或价值观强行灌输给孩子。给孩子一双自由的翅膀，特别是要培养孩子的思辨精神。

自然观察环境

大家应该还记得，自然观察智能包括两个要素：一是观察一切形式的自然的能力，二是分类能力。对我们的祖先来说，这两个要素和他们的生活环境密切相关：他们通过观察草木、蘑菇和自

然界的其他东西来判断哪些东西可以吃，哪些东西是有害的。时至今日，我们人类面临的最大危险就是切断和自然的联系，忘记了我们其实本来就是自然的一部分。

走进自然，发现自然

据统计，和二十年前相比，如今的人们（包括小孩和大人）接近自然的时间减少了 25%。大家常常把自己的娱乐时间都奉献给了网络、电子游戏或者电视剧、电影。这真是令人遗憾，因为亲近自然不仅有益于人的身体健康，对成人和儿童的心理健康也有很多好处。以下是专家们指出的亲近自然的几个好处：

让人感觉充满活力。大自然是人的精力和活力的源泉，亲近自然能增加人的疾病抵抗力。

发挥人的创造性。尤其要远离电子屏幕，完全投入自然的怀抱。这样做能减少那些无数的信息轰炸对我们的注意力造成的持久影响。

减少人的压力、焦躁、攻击性和消极情绪。要鼓励人们通过身体的运动来放松和休息。

改善人的记忆力。

给人一种归属感，让人感觉自己属于一个接纳了我们而又超

越我们的空间。让人发现自然的颜色、结构、美丽和平衡，暂时抽离现代化的生活，因为它让人和自然之间的距离越来越远。

改善人的精神健康。如果你生活在城市的话，经常去一些绿色空间能够改善你的身心健康状况。

促进人的自我评价。当我们参与一些和自然有关的活动时，比如修剪花花草草、走路、骑自行车、划船游玩、钓鱼、骑马等，我们的自我评价会得到提升。

缓解多动的症状。患有多动症的孩子在自然环境中往往表现得更加安静，更加放松，更加快乐，更能集中注意力。

由此我们可以看出，在孩子成长的过程中，让他尽可能多地接触自然，是多么重要。其实，这并不难做到，只要我们让孩子把目光从电子产品的屏幕上转移到天空、白云、树木、花、鸟、月亮、星星上。

收集，培养抽象能力

进行收集，既能培养孩子的自然观察智能，又能培养孩子的抽象能力。因为孩子在收集各种羽毛、贝壳或邮票的时候，必须要确定分类标准。比如收集羽毛的时候，他的分类标准可以是羽毛的颜色、构造、鸟的大小和种类；收集贝壳的时候，他的分类标准可以是贝壳的大小、形状、颜色、贝壳是否完整，或者是其他的标准。要让孩子自由地收集各种物品,即使是你觉得没用的东西。你可以问一问孩子他的选择和分类标准，比如他为什么选择把这块石头加入自己的收藏。

适合培养多元智能的处所

也许你认为，培养孩子的多元智能需要一些特殊的活动，比如参观博物馆，参加学校组织的春游或秋游，外出旅行，送孩子去参加主题夏令营等。确实，这些活动都能丰富孩子的生活。但其实，在你家里，或者家附近，就有能够促进孩子的智力、身体素质和社交能力发展的地方。也许你需要对环境进行一些必要的改造，不过这并不需要特别的设备，也不需要过多的资金投入。

在家里

厨房

厨房其实是一个很好的学习场所，在这里，孩子既可以学习社交技巧，还可以进行实验和探索发现！在厨房，孩子可以：

√ 学习关于食物和食品的一切知识。

√ 计算重量，称量配料。

√ 谈论地理（比如家里的食材分别来自哪里，其他国家是怎样做这道菜的）。

√ 发现科学知识（知道冷和热、冷冻、液体和气体的概念）。

√ 体验五种感官，特别是味觉和嗅觉。

√ 学会准确地调动自己的身体（比如怎样打碎鸡蛋，怎样搅拌鸡蛋才不会让它溢出来）。

在厨房，我们可以轻松地交谈，可以问各种各样的问题，可以培养良好的亲子关系。

按照食谱制作一道菜，能够充分调动孩子各种形式的智能：用自然观察智能选择配料；用言语—语言智能阅读食谱；用逻辑—数理智能思考做菜的先后顺序；用视觉—空间智能调节配料的用

量，观察火候；用交往—交流智能和家长进行交流并提问；用自知—自省智能评价自己的劳动成果（我这道菜做得好不好，是成功还是失败？应该怎么改进？）。

对于大一点的孩子，还可以让他自己记录食谱，这既能锻炼孩子的言语—语言智能，又能锻炼孩子的逻辑—数理智能。

浴室

在浴室，孩子可以：

√ 探索哪些东西可以漂浮，哪些东西可以流动。

√ 了解沐浴泡沫和肥皂泡的特征。

√ 研究体积的概念，了解液体到了容器里是怎样改变自己的形状的。

√ 明白水和肥皂为什么能让东西变得滑滑的。

√ 探索不同的声音，比如水流的哗哗声。

如果家里有浴缸，再准备几个小人和塑料小船，孩子就可以想象一些关于海上船只沉没、美人鱼和海盗的故事了。如果没有浴缸，只需要一个大盆，孩子也可以做实验和玩水。

客厅

如今，家家户户的客厅里基本上都有电视、DVD 和电脑，更不用说随身携带的智能手机和平板电脑了。客厅本来应该是家人之间相互交流的地方，现在却变成了一个数字信息泛滥的地方。

你不妨试着把家里的客厅重新变成一家人相聚的地方。在客厅的一角建立一个“读书角”，放上几个坐垫，要有良好的光线和一个装满绘本和各种书的箱子，并且经常更新里面的书——就像图书馆一样。沙发应该是一家人聊天和共度美好时光的地方，而不是懒洋洋地躺着看电视和玩游戏机的地方。

卧室

孩子和大人一样，都需要一个安静和独处的空间。如果你的家里是几个孩子共用一间卧室的话，要保证每个孩子都有自己的“专属角落”。孩子的卧室往往是乱糟糟的，就像刚刚发生过一场浩劫一样。如果卧室过于整洁，会破坏孩子的创造性；如果卧室过于混乱，孩子会不愿意待在里面。所以家长一定要把它整理得恰到好处。一些方便的储物方式可以让孩子轻松地找出和整理自己的玩具。如果孩子已经学会了写字，那你可以建议他给自己的物品贴上标签。

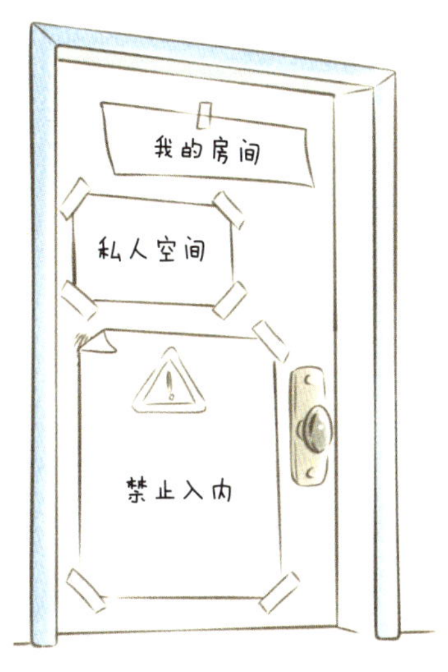

花园

如果你家里恰好有花园的话，它会是一个非常珍贵的资源，因为它可以促进孩子所有形式的智能的发展。不光是运动游戏（比如不需要任何道具的游戏、玩球、荡秋千、蹦床等）有助于孩子的精细运动能力和空间感受能力的发展，花园本身也是孩子进行学习和探索的理想场所。再小的孩子，也喜欢土、水和树叶。在

花园里，孩子可以观察植物的生长和昆虫的行为，听鸟儿的歌唱，观察石头和土地，研究天气变化，这些活动可以充分调动孩子的各种智能。等孩子大一点，你还可以和他一起种花、种菜。你可以告诉孩子，一棵植物是怎样从一粒种子开始，慢慢长大的——即使参天大树也是一样。通过所有的这些活动，孩子能够学会观察自然，看到他平时在生活中看不到的由时间引起的变化。

其他场所

培养和激发孩子的多元智能并不是只能在家里进行。孩子进入青春期之前，所有的外出都可以成为他进行实验和探索发现的机会。孩子就像是一块海绵，可以吸收他周围的图像、声音、气味、味道和情绪。你以为是平平常常的一次外出，孩子却可能从中得到很多发现。所以，你要时刻牢记多元智能的法则。不过，千万不要把每一次外出都变成是严肃的课程哦，这样会破坏孩子的兴致——当然啦，也会破坏你自己的兴致。

市场和超市

市场和超市能给孩子提供许多运用多元智能的机会，实际上每一种形式的智能都能在这里得到运用。每一次采购的时候，你都可以清楚地告诉孩子你在买什么，为什么要买这个，这种商品的产地是哪里。一旦孩子学会了认字，你就可以跟他一起看商品外包装上的标签，研究一些产品的配料。如果孩子非要买他在电视广告

上看到的商品，你可以趁机让他了解一些广告中常见的花招。让孩子注意听市场上的各种声音，或超市里播放的音乐，让他想一想：超市为什么要播放这种类型的音乐呢？看到不同国家种植的作物，问一问孩子：为什么一些水果（比如香蕉和菠萝）只能在一些国家生长，在另一些国家却不能呢？是谁种出的这些水果？你能自己种水果吗？关于鱼、鸡蛋和肉，也可以问孩子同样的问题：这些食物是从哪里出发，一路来到我们的购物篮里或小推车里的？让孩子说一说新鲜食物的颜色——草莓的红和樱桃的红一样吗，还可以让他观察各种各样的水果和蔬菜：它们有没有什么共同的特点？购买一些不同品种的水果和蔬菜，让孩子试着进行比较。回到家后，你可以找一本地图册，让孩子认识世界各地，还可以告诉孩子什么叫"公平交易"，什么叫"应季水果"。

森林、海滩和山

在这些地方，自然科学就在我们的手边和眼前。你可以利用去森林里游玩的机会，让孩子借助一本指南，认识不同的树木、树叶和昆虫。让孩子注意分辨不同鸟儿的叫声，风吹树叶的声音，还有各种不同的颜色（比如绿色和棕色）。你还可以建议孩子收集一些树叶、植物的种子、动物的羽毛或石头，等以后可以办一个小展览，并让孩子讲述自己在森林里散步的经历。孩子还可以把自己收集来

的东西做成拼贴作品。如果在你生活的地区，树叶会随着季节变换颜色，那么你可以和孩子一起探索树叶为什么会发生这些变化，和孩子一起收集一些不同的树叶，并一起去寻找季节变换留下的其他痕迹。

海滩和其他自然环境一样，也能提供丰富的探索发现和实验的机会。比如，你们一起用沙子堆城堡的时候，孩子可以运用他的数学知识来估算城堡的体积，观察城堡的形状。你甚至还可以利用这个机会给孩子上一堂历史课，和孩子讨论在历史上，人们是怎样修建防御用的堡垒和护城河的。让孩子观察各种碎石、鹅卵石、贝壳和沙子。告诉孩子海浪是怎样磨圆了鹅卵石，又是怎样把碎石变成了沙子。当你们沿着海边漫步的时候，你可以让孩子找一找沙子上或水里的植物、贝壳和动物。海边的不同区域是不是有不同的生命呢？如果海面恰好涨潮的话，你可以让孩子了解一下潮汐现象，还有它对海洋环境的影响。你还可以让孩子想象一些和海有关的故事，鼓励孩子用语言把它表达出来，或者编一些小诗、歌曲等，比如下面的这首小诗：

贝壳

沙滩上的贝壳

它沉没在

海岸边

它小小的

很漂亮

做成项链

美丽极了

或者这首俳句（一种日本的诗体，一般由三句十七音组成，首句五音，次句七音，末句五音，也叫十七音诗）：

美丽的贝壳
风吹动沙的低语
触指尖的浪

至于山上的风光，夏天和冬天各不相同。冬天最适合雪上运动，孩子很快就可以尝试玩小雪橇和滑雪了。夏天的山上更有趣：漫步山间，孩子可以学到地质学知识（认识不同类型的岩石、地层），地理知识（认识山口、山谷、山顶、湖泊），植物学知识（认识山上的花和树），动物学知识（认识山上的动物），还有许许多多。孩子还能学到和山有关的安全知识，比如爬山时要穿舒适的鞋子和衣服，要提前关注当地的天气预报，要走有路标的路。

农场

很多孩子，特别是从小就生活在城市里的孩子，不知道植物、动物和他们盘子里的食物之间有什么联系。

参观农场是一个很好的机会，孩子可以从中发现许多自然元素。利用这个机会，孩子可以运用不同形式的智能，比如了解动物的生活（动物们是怎样生活的，它们吃什么——它们是食草动物还是食肉动物，它们是怎样繁殖后代的，等等），了解植物的耕作过程（植物是怎样播种，怎样收割，经过怎样的处理，最终进入我们的餐盘的？）。

第五章

培养孩子多元智能的活动建议

在这一部分，我们将给出一些能够锻炼孩子各种智能的活动建议，你可以经常鼓励孩子参加这些活动，这些活动可以让孩子独自进行，也可以在大人的陪伴下进行。许多书里和网站上都能找到类似的活动，不过，我们是以“多元智能”的视角来探讨这些活动的。

几点建议

首先给家长们提几点建议：

- 即使你自己在这样或那样的智能上有所欠缺，也还是要让孩子的每一种智能都得到成长，这一点很重要。要给孩子一个平衡发展的机会。

- 要注意观察孩子喜欢主动做的事情，这能给你一些提示，让你知道孩子的哪些智能比较占优势。

- 要选择那些能同时运用孩子的优势智能和弱势智能的活动：依靠优势智能，孩子的弱势智能也可以得到提升。

- 你可以运用多元智能理论，仔细研究一下孩子日常参加的活动：它们能锻炼孩子的多种智能还是单一智能？如果比较单一，那么怎样才能进行完善，或者让孩子主动去选择其他可以锻炼多种智能的活动呢？
- 你可以把多元智能理论解释给孩子听，这样，他自己也能参与到提升和丰富自己智能的计划中。
- 所有以一种智能为主的活动基本上都可以加以丰富，引入其他形式的智能。

从专家的角度出发

通过许多关于儿童学习方法的研究，专家们提出了一些比较好的学习方法：

- 通过游戏进行学习：游戏是儿童学习的基础。这并不是说家长一定要给孩子买最贵的玩具，而是恰恰相反。
- 通过动手操作，运用五种感官进行学习：看，听，触摸，品尝，闻味道。
- 通过说话、和大人交谈进行学习。
- 通过尝试解决问题进行学习：家长不要直接把解决方案告诉孩子。

- 孩子需要一个安全的、没有压力的环境，来发展自己的各种能力；也需要情感和身体接触，来激发自己的认知能力。

大家应该已经注意到，好的学习方式从来都不需要手机、电视、电脑等电子屏幕，不需要高端的玩具，也不需要高价的活动。不管广告上怎么说，我们都不建议使用以上这些。一件玩具越是廉价，就越能激发孩子的想象力，孩子能从中学到的东西也越多。

图书馆

图书馆是一个神奇的地方，它深深地吸引着孩子们：在这里，我们每天想借什么就借什么，而且还是免费的！孩子们很惊讶，因为他们可以借的书多到拿不了。而家长们也会惊喜地发现，仅仅是一周之内借来的书，就能让孩子不同形式的智能得到非常充分的发展。

在图书馆能用到的智能

- 言语—语言智能：发现书的世界。
- 自然观察智能：学习按类别整理图书。
- 自知—自省智能：培养对不同类型图书的兴趣和敏感度。
- 交往—交流智能：和图书馆工作人员建立联系。
- 视觉—空间智能：发现一个由许多小空间组成的复杂空间，有漫画区，纪录片区，还有根据年龄段和字母表顺序排列的分类图书区；学会分辨这个空间和在这个空间内进行移动。
- 身体—动觉智能：要小心翻阅，不能损坏图书。

几个策略

如果你希望自己的孩子爱上图书馆，可以试试下面几个策略：

- 早早开始培养：图书馆里的“少儿区”适合 18 个月以

上的小朋友。

- 尽早给孩子办理属于他自己的借书证：孩子会为自己的这份责任感而骄傲。

- 去图书馆之前，让孩子吃点东西：饿着肚子的孩子可没办法集中精力看书。

- 到了图书馆，不要直奔成人阅读区，要先去儿童阅读区。把孩子安顿好了，家长再挑选自己感兴趣的书。

- 把孩子介绍给图书管理员认识：孩子会发现，图书管理员都喜欢热爱阅读的小孩。

- 多带孩子去几次图书馆，哪怕每次待的时间相对短一点，也好过很久才去一次，一次待很长时间。如果有条件的话，可以形成一种规律，比如每两周去一次，或者每周三下午去。

- 找一些你小时候喜欢看的书，从中挑选一本，找一个角落坐下来，读给孩子听。并告诉孩子，你小时候为什么喜欢这本书。

还书

借书的不方便之处就在于，必须要在规定的日期内把书还回去。要还书就得先找出当时借的书，为了找出这些书，有时候你需要在家里翻箱倒柜，就像打仗一样。如果把书弄丢了，你会害怕，会内疚——更别提还要交罚款。这些都会破坏借书的乐趣。以下几点建议能够帮助你顺利地还书：

- 每次离开图书馆前，列出你这一次借的所有书的书名，把这个清单放在你到时肯定能找到的地方（如果你有一个只有去图书馆的时候才会用的包包，那就把它放在这个包包里）。

- 如果你去的图书馆有网站的话，那就登录你的账户，查询你的借书清单。这样，找书的过程就像是寻宝，而不用再考验你的记忆力了。

- 如果把从图书馆借来的书和孩子自己的书混放在一起的话，那就很难区分了。你可以让借来的书变得显眼一点，可以找一些彩带，做成记号。这样，等到还书的时候，很容易就能找出它们啦。

- 让孩子养成习惯，把所有看完的书放进一个专门的“待还书”的箱子里。这样，到了去图书馆的日子，只需要花几分钟时间就能搞定啦。

制作礼物

在不同的场合（比如生日、节日……），孩子总能收到爸爸妈妈或家里的其他人送的各式各样的礼物。时间一久，孩子会认为

制作礼物时用到的智能

- 交往—交流智能和自知—自省智能：这两种智能在孩子制作礼物的过程中得到了结合，同时孩子还运用了情绪智能——主要是考虑别人的情绪。
- 身体—动觉智能：制作礼物的操作必须要准确。
- 视觉—空间智能：想象出要制作的礼物的样子，并且要让礼物变得美观。
- 逻辑—数理智能：制作礼物的时候要遵循一定的程序。
- 自然观察智能：可以用大自然中的一些材料制作礼物。

礼物的赠送是单方面的，只能是大人送给小孩，并且对礼物的要求也越来越高。

把这件事情反过来，完全是有可能的，也是值得提倡的。让孩子学会给予的艺术，从来都不会太早。孩子可以自己动手制作一些简单的小礼物，送给家人和朋友。通过给别人带来快乐，孩子能感受到自己的重要性，也能提升自我评价。

有香味的礼物

孩子收到的礼物当中很少有需要用到嗅觉才能享用的。通过制作有香味的礼物，孩子会发现那些闻起来香香的礼物给人带来的快乐。

“香苹果”

在中世纪的时候，有一种东西叫做“香苹果”，它是一种由贵金属做成的雕镂首饰，其中含有一些芬芳的物质，比如龙涎香和麝香。在当时，只有那些有钱人才会佩戴这种首饰。当他们经过一些气味比较难闻的街道时，会把这种首饰放在鼻子下，用来遮挡气味。

孩子可以自己动手，用植物制作出更加天然的“香苹果”。方法其实很简单，找一个橙子（或其他柑橘类水果），在里面插上一些干的丁香，然后再涂上一些香料粉。网上可以找到一些制作教程。“香苹果”具有很好的装饰性，能散发出令人愉悦的香味，放在衣柜里还能防止蛀虫。

香囊

可以准备一些混合香味剂，然后把它装进一个小布袋，做成香囊。在寒冷的冬天，这种香香的礼物特别受欢迎，不过要提前做准备：在鲜花盛开的季节，主要是夏天，就要把花采好。现在商店里可以买到各种现成的可以制作香囊的混合香味剂，不过，和孩子一起动手制作会更有趣，也更有成就感。做好的香囊可以放在抽屉、衣柜或车里。

配料的选择

孩子可以从长长的配料清单中选择不同的配料，制作出属于自己的、有独特香味的香囊。家长要鼓励孩子尝试不同的配料组合。孩子可以选用：

- （玫瑰花、石竹、薰衣草或其他花的）花瓣；
- 小草、干薄荷或鼠尾草的叶子；

- 有香味的树的树皮、松树的针叶；
- 柑橘类水果的果皮；
- 香料（八角、牙买加辣椒、肉豆蔻、桂皮、生姜等）。

混合香味剂的制作

家长要把制作过程向孩子解释清楚：

- 把所有的配料放在一块铁板上。
- 把铁板连同配料一起放在避风、高温、干燥的地方（比如谷仓）或者低温的烤炉上；在配料干燥的过程中，不断地把花瓣和其他植物混合在一起，让空气流通起来；最后必须要让所有的配料摸起来都脆脆的。
- 等到混合配料干了，加入香料——可以制作不同气味的香味剂，每一种都标注出它的成分；再加一点香味固定剂（一般在花店里可以买到）。
- 把上面这些东西装入一个密闭容器，放几个星期，时不时地拿起来晃动一下；混合香味剂很快就可以用啦。

香囊的制作

用混合香味剂制作香囊，可以充分展示孩子的缝纫天分：

- 找一块可以透出气味的薄布料；

- 往布料上倒入一勺混合香味剂；
- 找一根带子，把香囊打结系起来，或让孩子自己把它缝起来。

美味的礼物

有很多简单的饼干制作方法，孩子几乎不怎么需要大人的监督，自己就可以动手。还有各种各样的甜食，比如奶油巧克力球、枣夹杏仁、水果形软糖，都很适合孩子制作。家人可以经常一起制作这些美味，即使孩子长大了，也可以延续这种惯例。甜食和饼干制作完成后，可以把它们装在漂亮的纸袋子里，再用一根彩带把它系起来，这一类礼物总会受到欢迎的。

写写画画的礼物

孩子自己动手制作的明信片，肯定能讨人喜欢。特别是在我们这个时代，信箱里总是塞满了广告和发票，很少有充满感情的个人信件。

让孩子剪一块普通明信片大小的卡纸，然后装饰一下：

- 可以用各种彩笔和颜料在上面画画。

- 可以用旧杂志、彩带或小贴纸进行拼贴。

当然啦，只要孩子愿意，也可以自由组合使用这些方法。很多场合都可以赠送明信片：聚会、生日、假期、圣诞节或其他节日……除了明信片，还可以制作一些其他的卡片，比如在特殊的家庭聚餐场合，或者孩子在家招待朋友的时候，可以在每个人的座位上摆上一张精心制作的名牌。

自然的礼物

你可以跟孩子一起准备一些花种或蔬菜种子，把它们种在各种不同的小花盆里，等以后送给那些家里有菜园或阳台的人。到了春天和夏天，这些种子就会开花或长出蔬菜。要想获得这种自然的礼物，你可以找那些喜欢摆弄花花草草的亲朋好友或邻里街坊要一些稀有品种的西红柿种子、西葫芦种子、辣椒种子，或者不太常见的花种。你可以让孩子在每个小花盆上贴上标签，标出里面种的是什么。不管是等待植物生长的过程还是定期照料植物，这种形式的做法都可以教孩子学会保持耐心和恒心。

做饭

对一些家长来说，厨房就是一个用微波炉加热速冻食品的地方。这真是太遗憾了，因为这既抹杀了在厨房里可以进行的各种活动，也不利于孩子的身体健康，因为专家们并不提倡孩子吃工业食品。他们指出，工业食品中往往含有过多的糖分和盐分，还有一些对健康有害的成分。只需要上网查一查，快餐店里卖的那种小孩子都爱吃的炸鸡块是怎么做的就知道了——其实就是一些质量不好的碎鸡肉。

现在，无处不在的广告常常促使人们购买一些质量不好又没什么营养的工业加工食品，而孩子对这类不健康的食品是最敏感的。为了抵制这些食品，用新鲜的水果、蔬菜和一些基本的食材（比如大米、面条、干蔬菜、面粉等）自己动手为家人做饭。

和孩子一起做饭，孩子的多种智能都能得到锻炼，一些重要的能力也能得到提升。同时，这还是一个围绕着大家都喜欢的东西——食物，共度美好亲子时光的机会。

做饭时用到的智能

- 身体—动觉智能：准确地做出动作，比如打鸡蛋、搅拌、切菜或揉面。
- 逻辑—数理智能：利用数学工具计算重量、体积、比例、近似值，检查温度，等等。
- 视觉—空间智能：观察做饭的步骤和饭菜的火候；注意菜肴的美观性。
- 言语—语言智能：仔细阅读并理解食谱。
- 交往—交流智能：做饭前的交流（要做什么？），做饭中的交流（怎样才能做得更好？），做饭后的交流（饭菜的味道怎么样？）。
- 自然观察智能：选择合适的水果或蔬菜，观察食材的新鲜程度和质量。
- 自知—自省智能：根据制作难度和个人的能力选择要做的菜。

其他能力

- 做饭可以调动人的多种感官：视觉、嗅觉、触觉和味觉。
- 准备食材必须要依照一定的规矩：通过按照食谱制作食物，孩子能学会遵守一定的程序和规则。
- 做饭可以提高孩子的安全意识（避免烫伤、切伤）。
- 做饭时要把注意力都集中在这一件任务上，可以锻炼孩子的专注力。
- 会做饭的孩子有一种自律性和自信。

入门阶段

孩子都喜欢观察和模仿大人。在孩子很小的时候，你做饭时可以跟他说说话，告诉他你在做什么。等孩子稍微大一点，就可以让这个未来的小厨师来帮忙了，你可以让他帮你用葡萄干装扮小饼干，往苹果挞上放苹果片，或者把小片的奶酪放到碗里。孩子通过模仿大人的动作，精细运动能力得到了锻炼，还能学到一些关于做饭的词汇。让孩子小心地靠近烤箱，隔着玻璃观察膨胀起来或变了颜色的蛋糕或蛋挞。

孩子的小手很适合制作烤面包。可以让孩子自己在面包上涂上蜂蜜、果酱或新鲜的奶酪。

商店里可以买到一些甜品的半成品，自己几乎不用额外再准备什么，只要把一袋配好料的面粉倒进盆里，简单地加一点牛奶或鸡蛋进行搅拌，然后放进烤箱里烤就行了。

未来的小厨师

等孩子学会了使用碗、勺子和漏勺，也学会了称量和搅拌，就可以让他制作稍微复杂一点的东西了，比如四合糕[1]或酸奶蛋糕。你可以去图书馆或网站上找一些关于儿童烹饪的图书，从中能获得很多灵感。

在图书馆的传统食谱区有很多关于甜点制作的书，比如油酥饼、饼干、曲奇、玫瑰饼、甜味蛋挞等，不过，你可以建议孩子制作出属于自己独特口味的浓汤、咸味蛋挞、馅饼或比萨。孩子

1 四合糕：一种法式糕点，由等量的面粉、糖、黄油和鸡蛋做成。

可以利用这个机会认识不同的蔬菜，同时他的味觉也能得到发展：他更愿意吃自己动手参与准备的食物。问一问孩子可以怎样改善他做的食物，比如："下次再做意大利面的时候我们可以加点什么呢？奶酪、火腿、蘑菇、洋葱、芦笋、辣椒、橄榄、鲜奶油、香料，还有什么？"品尝孩子做的食物时，你要对孩子做出的创造性的贡献给予肯定，并问问他对自己的劳动成果满不满意。

冰沙是一种用水果做成的饮料，非常受小孩子的喜爱。外面卖的经过加工的冰沙一般都很甜，而且含有添加剂，与其去外面买，不如和孩子一起动手自己制作。准备好牛奶、冰块、酸奶和新鲜的水果（香蕉、草莓或其他应季水果），把它们全部放进搅拌机，然后就能享受美味了！当然啦，不管使用任何电器，大人都一定要监督好孩子，并且要提醒孩子，在厨房里不管干完什么，都要清理干净。

唱歌

让孩子发现音乐世界的一个好办法就是和孩子一起唱歌，或者让孩子自己唱歌。这并不要求你必须受过专业的音乐训练。不过，如果你希望从孩子幼年就开始真正地培养他的音乐天分的话，还是要听从专业人士的建议，以免损伤孩子的声带。

唱歌时用到的智能

- 音乐—节奏智能：从声音和节奏的角度发现音乐的构成。
- 身体—动觉智能：唱歌时要控制好身体的各个部位，比如嘴巴、舌头、喉咙、胸、腹等，才能准确地发出声音；还要学会控制呼吸。
- 交往—交流智能：了解多声部唱歌。
- 自知—自省智能：感受歌曲表达的情感。
- 自然观察智能：熟悉不同类型的声音、歌曲和音乐。
- 言语—语言智能：认识和唱出歌词。

从小培养

一些家长经常指着图片，模仿一些声音，并让孩子跟着重复："这是奶牛，奶牛唱歌哞哞哞！""这是小鸟，小鸟唱歌叽叽喳！""这是小狗，小狗唱歌汪汪汪！""这是火车，火车开起来呜呜呜！"虽然孩子可能还没见过奶牛，虽然现在的火车早就已经发不出老式的蒸汽机车那样的声音了，但通过这种方式，孩子能够进入声音的世界，并学会分辨各种不同的声音。家长可以反过来问孩子："小狗是怎么唱歌的？那奶牛呢？火车呢？"孩子会试着准确地重复你的声音，而学唱歌也正是重复声音的过程。

重复音乐

另外一个以重复为基础的音乐游戏，可以让孩子学会准确地发出声音并记住这些声音。

家长哼唱出一句由不同音符组成的旋律。

让孩子重复这句旋律。

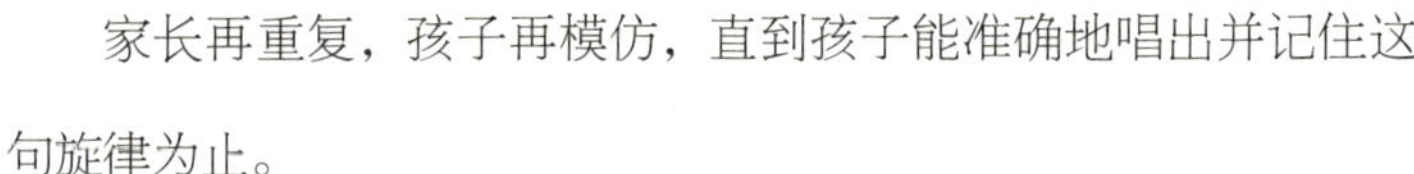

家长再重复，孩子再模仿，直到孩子能准确地唱出并记住这句旋律为止。

先从最简单的旋律开始（比如三个音符的旋律），等孩子掌握好了以后，再逐渐增加难度，每次增加一个新的音符。

等孩子明白了游戏规则，可以让孩子自己编一句旋律，由你来模仿，让孩子每次增加一个新的音符。

慢慢地，可以继续增加游戏的难度：

保留同样的音符，但改变节奏。

或者保留同样的音符，但改变哼唱方式：有的唱成高音，有

的唱成低音，有的低声唱出来，有的大声喊出来。

注意保持游戏的趣味性，不要玩到最后让孩子感到厌倦。

把故事变成音乐

对于孩子已经听了无数遍，早就烂熟于心的故事，可以建议孩子不用句子，只用“哈哈”“砰砰”“扑哧”“啊啊啊”等拟声词把它唱出来。孩子需要借助不同的声音表演不同的人物和故事情节。

轮唱

轮唱是一种很好的学习唱歌和发现不同声音的方式。轮唱的美妙之处在于它很简单：第一个声音先开始唱，在某个特定的时刻，第二个声音加入，重复同样的旋律，以此类推。这样就创造出了一种复调音乐，它无比和谐，就像一个奇迹。有一些轮唱形式的儿歌广为人知，不过，你知道吗？各种语言的轮唱歌曲有成百上千首，其中莫扎特有三十几首，贝多芬和勃拉姆斯也有十几首。所有伟大的作曲家都创作过轮唱歌曲！

全家一起唱

现在，人口众多的大家庭越来越少了，所以我们很难在家里翻唱《音乐之声》。你可以看看周围有没有谁家的孩子跟你家的年龄相仿，然后把一群孩子聚到一起唱歌。这样既能增进孩子们之间的感情，也能培养孩子们的音乐能力。

重演《瑟堡的雨伞》[1]

还记得电影《瑟堡的雨伞》吗？里面的台词都采用了唱的形式。也许你也可以时不时地试着用唱歌的方式和孩子交流。你可以这样唱："我亲爱的小宝宝，你现在最好去洗手吃饭啦。"孩子可以回唱："我亲爱的妈妈，我想画完这幅画，再给我几分钟时间吧。"你们还可以用不同的风格进行表演，比如喜剧、念诗或者说唱……

1《瑟堡的雨伞》：1964 年上映的法国浪漫歌舞电影，讲述了 17 岁的少女热纳维耶芙不顾母亲的反对，和修理工人相恋的爱情故事。

收集

也许你只是听到让孩子进行收集这个想法，就吓得浑身发抖：不管是孩子，配偶，还是你自己，总喜欢打着“这个东西说不定以后能用到”的旗号，把无数的东西扔在一边。家里的空间已经被塞得满满当当了，难道还要再多一些东西吗？那么，我们为什么要鼓励孩子进行收集呢？因为这项活动能够使孩子的几种智能和一些重要的能力得到锻炼。

和小小收藏家对话

孩子喜欢收集自己感兴趣的东西：贝壳、树叶、小石头、昆虫、羽毛——大部分成年人往往觉得这些东西没什么意思。其实，观察孩子收集和整理自己的宝贝，可以帮助你了解孩子的精神世界。当孩子收集了一块新的小石头，千万不要这样说：“你的盒子已经满满的了！为什么还要再多一块石头呢？我要把它们全部扔进垃圾桶！”多问一些正面的问题，比如：“这块石头有什么特别的地方？为什么要把它加入你的收藏呢？你喜欢这块石头的什么？它的形状、颜色，还是别的什么呢？”

收集时用到的智能

- 自然观察智能：挑选物品，分类和整理。
- 视觉—空间智能和身体—动觉智能，主要用在寻找要收集的物品时：仔细观察物品，对形状、颜色、质地……保持敏感。
- 自知—自省智能：爱好收集的人喜欢专注于自己的收集，往往比较独立自主。

除此之外，孩子的以下能力也能得到发展：

- 抽象能力，主要体现在对物品进行分类。应该怎样分类？是按照形状？按照颜色？按照大小？按照发现的地点？还是按照别的什么标准呢？
- 认识和理解世界的能力：每当孩子发现了一件新东西，比如一块特别的小石头或一个形状很特殊的贝壳，他的大脑立刻就会试图把这个东西归到自己熟悉的某个类别中，或者是自己创建一个新的类别，好让这个东西在自己的头脑中占有一席之地。
- 对美好的大自然的热爱——我们大人常常忽略了这一点。

不同类型的收集

孩子小的时候喜欢收集小石头和贝壳，慢慢长大后，他开始对别的东西感兴趣，比如集邮，收集羽毛、饮料瓶盖、硬币、各种卡片，等等。一些收藏品（比如邮票）会让孩子产生环游世界的梦想。和一些同样喜欢收集的小孩或大人进行交流和交换，可以丰富自己的收藏。

贴标签

孩子喜欢贴标签，因为这种方式能让他们标记出属于自己的财产：“这些东西是我找到的，是我分的类，所以它们是属于我的！”贴标签还能让孩子运用自己的语言能力：要找到准确的词语描述物品，还要注意书写和拼写。标签上的内容可以包含物品的名称、发现它的日期和地点。如果孩子还不会写字，那你可以让孩子说，你帮他写。

收集中的几个问题

收集对于孩子的智能发展有着很好的激励作用，这是毫无疑问的，不过它也会带来一些不便：比较占地方，容易让家里变得乱糟糟，或者落满灰尘，有时还会散发出不太友好的气味，比如不经过清洗的贝壳几天之后就会散发出难闻的气味。

你可以给孩子一些工具，让他分类整理自己收集的宝贝，比如鸡蛋盒、鞋盒、咖啡盒、信封、袋子、玻璃瓶、饼干盒等。

针线活

不管是女孩还是男孩，大多数孩子都喜欢针线活和编织（见250页“编织”）。用针线可以做出漂亮的小礼物；编织可以把彩色的毛线变成围巾或帽子，可以送人，也可以自己戴。家长还是应该对这方面的技巧有一些了解，也刚好可以利用取经的机会去看看自己的奶奶、阿姨或者在这方面比较擅长的邻居。

做针线活和编织时用到的智能

- 身体—动觉智能：锻炼手眼协调能力和精细运动能力。
- 视觉—空间智能：把平面的布料或毛线变成三维的物体；想象自己下一步要做出的动作，观察自己的劳动成果；发现自己创造的物品的美。
- 逻辑—数理智能：一步一步地确定操作顺序；进行数学运算，计算作品的尺寸、需要的布料和毛线的数量，等等。
- 自知—自省智能：针线活和编织都是独自进行的活动，能同时提升孩子的创造性和自省能力。
- 交往—交流智能：与懂得针线活和编织技巧的人进行交流；制作礼物赠送给别人。

除此之外，针线活和编织还能锻炼孩子的耐心、毅力和专注力。孩子按照缓慢的节奏缝制东西或编织出一行行时，必须要保持安静，集中注意力。

材料准备

做针线活需要用到布料、线、大针孔的针、小剪刀和大头针——为了便于区分，可以选择那种彩头的大头针。

孩子都很喜欢布这种材料，还不等开始剪和缝，他们就已经迫不及待了。你可以给孩子准备各种不同的布料，孩子愿意花很长的时间去观察它们的颜色，感受它们的质地，把它们进行组合和搭配。

先从家里开始找布料：它们可能和纸一样，被丢得到处都是。慢慢地在家里翻一翻，你可能会找到一些不用的旧桌布、枕头套或毛巾，这些都可以拿来用。你还可以把不穿的旧衣服回收利用，比如用旧裙子做一个枕头，也可以把衬衫的两个口袋缝合在一起，做成香囊。

旧货店和旧衣店也可以买到便宜的布料，另外，布料店里往往有一些样品或减价出售的边角料。

几点初步的建议

将近三岁的时候，孩子的精细运动能力开始发展，可以准确地完成一些精细的动作，比如把线穿进针孔。从这时候就可以开始让他试着做针线活了。

选择恰当的时机让孩子开始：必须要让孩子自己有参与的欲望，而不只是因为家长希望他这么做。如果你需要缝什么东西，可以等孩子在身边的时候再缝，让孩子产生想要模仿你的想法。

让孩子知道基本的安全规则，比如："没有大人在身边的时候，千万不要自己用剪刀或针哦！"

让孩子自己决定要做什么。如果孩子选择的东西比较复杂，超出了他现在的能力，那么家长可以引导他做一个更简单的东西。

家长要放轻松一点！重点是让孩子理解针线活的概念，而不是把什么都一股脑地教给他。只有这样，才能让孩子保持兴趣、动力和创造性。放手让孩子做他自己想做的，家长只需要在旁边给予指导，在孩子需要的时候给出一些建议就可以了。

让孩子感觉自己是有决定权的。让他自己选择布料和线的颜色（即使不协调也没关系），自己决定要做什么（只要在他的能力范围之内就可以）。慢慢地再给孩子补充一些实用的、审美方面的知识。

早早着手

要训练孩子穿针引线，可以先让他玩一玩"穿线卡游戏"：就是一些厚纸板做成的图形，上面有一些洞，需要孩子把线穿过去。

你可以用卡纸和打孔机自己制作这样的卡片，也可以去网上找一些现成的模板,下载并打印出来。市面上也有成套的这种益智玩具。如果担心孩子会被针扎到手，那你可以选择那种针鼻比较大的圆头针。告诉孩子怎样把线穿进针鼻，怎样拿针才能不让它乱跑。

对于初次尝试针线活的孩子来说，缝制浴用毛巾或布手套是个不错的选择。孩子可以自己选择一块布，把它对折，然后把顶部和侧面缝起来。告诉孩子，缝的时候针脚最好密一点，如果针脚和针脚之间留有太大的空隙，那么手套会又松又不结实。也可以找一些布，让孩子练习在上面钉那种大大的纽扣。

还可以鼓励孩子绣花。找一块细毡布（这是最理想的入门材料），在上面画一幅图案，然后让孩子顺着图案缝。

和针线有关的活动

随着孩子慢慢长大，可以逐渐让他发现针线的不同用途，但还是要让孩子做一些简单的东西，激励他不断进步。以下是几点建议：

- 感情细腻的孩子都十分珍视他们小时候穿过的衣服，因为它承载着珍贵的儿时回忆。找一件孩子小时候穿的衬衫或旧羊毛衫，把接袖的地方和下摆密密地缝起来，用棉花填充，就可以做成一个靠枕，放在卧室里的阅读角。也可以让领子敞着口，把下摆缝起来，做成一个收纳袋，用来收纳袜子、打底裤或 T 恤。

- 做一些香囊（见 160 页）放在抽屉和柜子里是一个不错的选择，并且也很容易制作。只需要找一块细布料，把边沿缝起来，做成一个口袋的形状，然后在里面放上一把有香味的干花（比如薰衣草或百里香）就可以了。

- 制作放餐巾或彩笔的小布袋对孩子来说很有用，孩子既能体会到自己动手的乐趣，又能为可以用到自己亲手制作的物品而感到自豪。

- 如果到了冬天，家里的门透风的话，你可以建议孩子做一个用在门上的防风垫，就是在一根长长的用布做成的管子里面，塞上碎布、棉花、旧袜子或绒布。这个制作起来再简单不过了：剪一块布料，长度和门一样，宽大约 40 厘米。把布对折，把长的那条边缝起来，做成一根管子的形状。把管子的一端缝上，从另一端往里塞碎布或旧袜子等，可以用尺子把它填实。最后，再把管子的另一端缝起来就可以了。

等孩子熟悉了针线的使用技巧，就可以让他做一些难度逐渐加大的东西了。

比如从孩子七八岁开始，就可以让他学习十字刺绣法……可以让他在家里的靠垫、T 恤或其他东西上进行实验。你可以让孩子在书包上绣上自己的名字，这是最能让他引以为豪的事情了。

从手工缝纫到缝纫机

如果你家里有缝纫机，可以告诉孩子怎么使用，不过，一定要在大人的监督下才可以。孩子很快就会被这台神奇的机器迷住：它可以制作贺卡、坐垫、布袋，甚至给洋娃娃做小衣服。

不过首先还是要注意安全！即使是最简单的事情，比如穿针引线，也要特别小心才行。要分步骤让孩子了解缝纫机的使用方法：针是怎么运动的；怎样放自己的手才不会受伤；踏板应该怎么使用。使用缝纫机时不能着急，要小心谨慎，让孩子体验不同的缝纫速度。家长要确保孩子会一直小心自己的手，之后才能放心让孩子自己操作。

积木和搭建游戏

你还记得自己小时候玩积木的场景吗？还记得自己屏住呼吸，生怕放下的那一块积木会让整个大楼倒塌的感觉吗？还记得自己花几个小时的时间去摆弄乐高或其他搭建玩具，摆出各种房子、城

堡或太空飞船吗？玩搭建游戏时，孩子的大脑会高度紧张。

等孩子长大了，就可以玩更加复杂的搭建玩具了，比如制作机器人或起重机。

玩搭建游戏时用到的智能

- 身体—动觉智能：完成搭建需要做出精准的动作，所以能锻炼孩子的精细运动能力。
- 逻辑—数理智能：为了得到一个准确的结果，需要把各种各样的零件组合在一起；要确定各个部分的组建顺序；要懂得一些物理原理，比如力的平衡、重力和阻力。
- 视觉—空间智能：在头脑中想象出要建造的模型，不停地尝试、犯错并纠正。
- 自知—自省智能：搭建的过程中，在心里想象出一些人物和对话。

寻找或收集搭建玩具

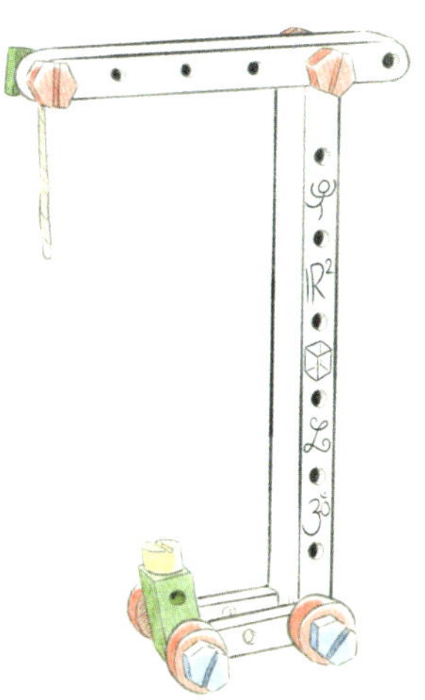

一些搭建玩具几乎不需要什么成本，很容易就能获得，比如找一块木头边角料，把它切割成一个个小立方体，或者找一根不用的旧扫帚把，把它锯成长度各不相同的木条，等等。你还可以到家里的储藏室找一找或问问邻居，很多废旧物品都可以改造成搭建游戏的零件。找一个箱子或结实的纸盒来盛放这些零件。你还可以从厨房里回收一些东西，让它们也加入孩子的搭建游戏：比如各式各样的盒子（谷物盒、盐盒、咖啡盒等）、吸管、瓶塞，等等。

手工制作

孩子稍微大一点时，就可以用木头或其他杂七杂八的东西自己动手进行制作了：只需要一些木片、一些小钉子、一把锤子和一瓶胶水，就可以完成自己的作品。你还可以给他一些酒瓶盖和瓶塞、金属盖子、医用压舌板、牙签……有了这些东西，孩子可以做出飞机、直升机、汽车、卡车、轮船、城市，或者消防营，孩子的创造力是无限的！再给他一些颜料和几支画笔，这些作品就更加完美啦。

参观工地

有条件的话，可以带孩子去你们小区附近的施工工地上转转，分几次去，让孩子观察一栋建筑物从开始施工到最终建成的不同步骤。

如果带孩子去参观非常规建筑的施工，比如城堡、塔楼、码头或桥，可以让孩子仔细观察这些东西的建造方式，建筑师们都解决了哪些问题，需要注意哪些安全问题，等等。这些都可以丰富未来的小小建筑师的思考。

跳舞

对于孩子来说，跳舞简直是像呼吸一样自然的事情。只要你不把孩子按在屏幕前，让他乖乖地待着，你会发现他就

像未来的舞蹈明星一样，充满活力，非常乐于探索自己的身体和周围的空间。而且，舞蹈并不是女孩子的专利哦！

跳舞时用到的智能

- 身体—动觉智能：锻炼平衡能力，动作的准确性，身体的协调性，空间移动能力，反应能力，身体的力量、耐力和灵活性。
- 音乐—节奏智能：舞蹈可以把声音和动作结合起来，让孩子探索不同的音乐类型和不同的舞蹈之间的关系，根据音乐类型来编舞。
- 视觉—空间智能：协调身体在空间中的动作。
- 自知—自省智能和交往—交流智能：通过舞蹈表达自己的想法和情绪；和舞伴跳舞或者跳集体舞。
- 自然观察智能：观察不同的舞蹈类型：古典舞、民族舞、现代舞等。

另外，

- 孩子跳舞的时候通过不停地运动燃烧体内的脂肪，对于缓解现代社会越来越严重的儿童肥胖问题来说，很有好处。
- 在公众面前表演舞蹈，可以提升孩子的自我评价。

有声的舞蹈

孩子特别喜欢把运动和声音结合在一起。你可以找一套旧衣服，在脚腕、手腕处和其他地方挂上一些小铃铛（就像挂在圣诞树上的那一种），这样孩子就拥有一套可以随着他的动作叮当作响的衣服了。你可以播放一些节奏感比较强的音乐，让孩子跟着跳舞。

丝巾舞

这种舞蹈的动作比较轻柔，主要锻炼的是孩子的视觉—空间智能。幼儿园经常让孩子们跳丝巾舞，孩子们可以看到自己的身体就像画笔一样，在空中画出各种线条和形状。通过舞动丝巾，孩子们可以观察形状的变化、丝巾的不断旋转还有突然改变的方向，在头脑中形成对这种舞蹈结构的认识。还可以把丝巾的一端系到一根木棍上，增加舞动的幅度。

和舞伴一起跳丝巾舞更加有趣，因为还要考虑舞伴的动作，所以编舞变得更加复杂。

如果你没有丝巾或披肩，或者不放心把它交给孩子的话，那你可以去旧货店里找一找，一定能找到的。

其他配饰

如果你家里有一个装旧衣服的箱子，孩子便可以经常在里面翻找衣服玩化装的游戏，从而发现跳舞的乐趣：他会发现自己转圈圈的时候，裙子也会跟着飞起来，还可以用帽子和丝巾来完成一些舞蹈动作。

舞蹈表演

直到青春期，孩子都很喜欢表演，当孩子和兄弟姐妹或朋友在一起的时候，你可以给他们排练的时间，让他们进行一场舞蹈表演。准备好爆米花、聚光灯和掌声，这比看视频可要有趣多了！

画画和拼贴

孩子似乎天生就会画画。刚刚学会写字的他们，认为字是另外一种形式的画。不过，你的小小艺术家要是发挥他的创造性，家里肯定会变得乱七八糟：纸、笔扔得到处都是；颜料洒满地，孩子的小手脏兮兮。不过，只要遵循几条简单的建议，就能既释放孩子的艺术天分，也不会引起家里的混乱，更不会有生气和大喊大叫。

画画和拼贴时用到的智能

- 视觉—空间智能：把头脑中想象出来的图形变成画和拼贴作品。
- 身体—动觉智能：用铅笔、画笔或剪刀准确地做出动作。
- 逻辑—数理智能：通过不断地思考，把视觉元素转化到纸上。
- 自然观察智能：观察不同类型的画，还有画画必需的工具。
- 自知—自省智能：和画画有关的思考，还有画画主题的选择。

初试身手

找一块结实的纸板和两个晾衣夹，再找些草稿纸，把草稿纸固定在纸板上：孩子的第一块画板做好啦！给孩子几支记号笔，让他随意地涂涂画画。一开始，他只是尝试使用不同的颜色，慢慢地，他开始画某个特定的东西。逐渐给孩子提供一些别的工具：画笔、颜料、蜡笔等。

粉笔画

走出家门,找一个坚硬、粗糙的表面(比如路面、院子里的空地、过道等),用粉笔在地上画画，这是一种全面的体验，能激发孩子的身体—动觉智能。并且，还能让孩子感觉自己拥有一个大大的空间。什么样的粉笔都可以，不过一开始最好给孩子一些小的粉笔块：这对孩子的小手来说很容易抓握,也不容易碎。等孩子画完了，雨水或扫帚就能帮忙清理干净。

第一次画油画

一些家长有时不放心让孩子在家里画油画，因为担心孩子会把家里的墙面画得乱七八糟。要想把家里的无序控制在一个可以

接受的范围内，你可以找一个浅一点的平盘，让孩子在平盘里画画。找一个垃圾袋套住这个平盘，然后铺上纸。把画笔和颜料放在一个盒子里（盒子不要太高，最好是塑料的），这样，就算颜料罐被打翻，颜料也只会洒在盒子里。等孩子画完了，只要把平盘放到一个地方，把画晾干就可以了。

拼贴

很多孩子都喜欢和艺术有关的活动，但是却很怕失败："我的油画很丑，我画的画太差劲了！"这时候，我们可以鼓励孩子进行拼贴。拼贴和画画运用的是同样的智能，不过拼贴是通过操作图片来实现的。拼贴需要的材料和工具有旧报纸和旧杂志、照片、碎布、彩纸、包装纸、干花、邮票、彩带、标签等，当然啦，还有剪刀和胶水。小孩子基本上都很喜欢拼贴，因为通过把现成的图片组合在一起，他们几乎能创造出一切。他们很容易就能创作出一些超现实的、幻想的或幽默的作品。

了解自己的家庭

随着孩子慢慢长大，他需要了解自己的家庭，比如家庭的类型（是传统家庭、单亲家庭还是重组家庭），还有自己同父母的血缘关系（是亲生的还是领养的）。这种家庭的归属感能让孩子更好地了解自己的过去，更从容地面对自己的未来。

了解家庭时用到的智能

- 自知—自省智能：认识到自己是家庭的一部分。
- 交往—交流智能：和家庭成员进行交流。
- 言语—语言智能：了解自己姓氏的写法，探索和自己属于同一个大家族的人的名字之间有什么关系。
- 逻辑—数理智能：了解一个家庭是怎样构成的，有时人与人之间还会有复杂的系谱关系。
- 视觉—空间智能：用家庭树的形式介绍家庭的结构；仔细观察家庭成员的照片。
- 自然观察智能：根据家谱关系对人进行分类（堂兄弟姐妹、表兄弟姐妹、叔叔伯伯姑姑、舅舅阿姨，等等）。

从小开始

孩子比较小的时候，你可以时不时地给他看看你自己的家庭相册（如果你有的话），慢慢地告诉他什么是爷爷奶奶、外公外婆，什么是叔叔、伯伯、姑姑，什么是舅舅、阿姨，什么是表兄弟、堂兄弟，等等。爷爷奶奶和外公外婆是一个很好的出发点，可以让孩子了解自己的家庭的结构。通过一系列问题激发孩子的好奇心：

√ 你的爷爷奶奶（外公外婆）住在哪里？

√ 他们有几个孩子？爸爸 / 妈妈排行老几？

√ 你的叔叔、伯伯、姑姑、舅舅、阿姨叫什么名字？

√ 叔叔、伯伯、姑姑、舅舅、阿姨们的孩子是谁？

维系大家庭的关系

你可以不定期地组织一些家庭大聚会，让孩子有机会见到一些他平时不太能见到的亲人：堂兄弟姐妹、表兄弟姐妹、叔伯舅舅、姑姑阿姨、爷爷奶奶、外公外婆。这些家庭聚会可以让孩子了解大家庭，并且当他看到一些老相册、旧档案和一些有历史的物品时，他会对大家庭的过去产生兴趣。如果组织这种聚会的机会比较少，或者在聚会之余，你也可以通过信件、电子邮件、电话、视频等

方式和家人、亲戚保持联系。时不时地让孩子和这些亲人进行交流，一开始，你可以帮助孩子组织他的交流内容。

制作短视频

用智能手机录制短视频，这是再简单不过的事情了。不管你和亲人远隔千里还是住在同一条街，这些视频都能让你们了解彼此的现状，增进彼此之间的联系。

和孩子一起录制一些小视频，不光能让他和亲人保持联系，而且从视频的录制到发送，都能锻炼孩子不同形式的智能。

在很多场合下我们都可以录制短视频，比如：

家族聚餐的时候，可以给没能到场参加的人发送短视频；

特殊的节日，比如圣诞节，或者生日。

家庭发生变化的时候，比如新添了一个小弟弟或小妹妹……

特定主题的视频，比如孩子最近看过的很喜欢的书，参观博物馆或动物园……

注意视频一定不要太长：如果拍摄时间太长的话，孩子就没有那么愿意参与,收到视频的人也会觉得无聊。经常发一些短视频，好过一年发一次超长的视频。

园艺

很多孩子都在钢筋混凝土构建的环境中生活和成长。可是，孩子天生喜欢亲近自然，如果切断了他们和自然的联系，他们会感到很痛苦。即使我们不生活在大自然中，也还是有办法让她走进我们的家。如果你家里有花园，

千万不要只把它当成一个游戏场地。就算你只有一角阳台，也可以把它变成一个空中花园，把自然元素引入你的家中。只需要有充足的阳光，再加上一点想象力，就够了。

做园艺时用到的智能

- 自然观察智能：观察自然以及我们和自然之间的关系；了解不同品种的植物、花、水果和蔬菜。
- 逻辑—数理智能：数数和测量，观察植物生长的过程，进行实验，调整环境以促进植物的生长，研究植物的不同繁殖方式（播种、扦插、压条法，等等）。
- 视觉—空间智能：管理花园或阳台上的空间；观察植物的生长。
- 身体—动觉智能：所有和园艺有关的动作：用铲子翻土，把土耙平，修剪，切割，采摘，等等。

做园艺还能锻炼孩子其他的一些能力，丰富他的情感，比如需要长期坚持的耐性，还有看到自己用勤劳的双手换来的劳动果实时内心深处的满足感。

种菜

几乎家家户户都能找到一些可以用来种菜的工具。其实，只需要一个水盆或水桶，一些塑料容器，你就可以播下种子，观察植物的生长，等待收获了。甚至一些我们平时习惯丢掉的容器也可以拿来用，比如鸡蛋盒、快餐外卖盒、塑料杯等都是可以的。在植物旁边插上一根小棍，标上它的名称和种植日期。你可以找一把尺子，随时观测植物的横向和纵向生长速度，你会发现它的生长速度十分惊人。如果你家里的空间不够大，可以选择种不会到处疯长的西葫芦。

种什么？

即使我们家里没有大花园，可以种的植物也有很多。你可以查阅一些相关的图书，一般图书馆里会有一整个专门的园艺书架。

你可以选择种绿豆芽。只需要把绿豆放在一张湿润的吸水纸上，它就能快速地生长起来。种出来的绿豆芽可以做沙拉或其他的菜肴。

小孩子可以种柑橘类水果、猕猴桃、石榴或芒果。一些比较大的种子也可以在室内种植，比如椰子或牛油果的种子。可以先让它们在盘子里或玻璃罐里发芽，观察根的生长，然后再把它们种进土里。不过，要告诉孩子，在家里结出这些水果是不可能的……

生菜和小红萝卜长得都很快。西红柿要慢得多，不过西红柿有很多不同的品种。

水生植物很容易生长，也便于观察。一年当中有几个时间段，在超市里可以买到水仙花、孤挺花、黄水仙和郁金香。你甚至不需要把它们种在土里，只要找一个碗，在里面加些水，放上几块小石头，它们就会发芽啦。

外出参观

很多生活在城市里的孩子以为水果和蔬菜就应该属于超市里的货架。找机会带孩子去花市、苗圃或邻居的菜园转转，让孩子明白，大多数果蔬都是从地里长出来的。孩子可能会对不同颜色、不同形状、不同大小的水果、蔬菜和鲜花着迷。你可以带几株长势比较好的幼苗回家，孩子就可以拥有自己的小小花园啦！

玩水

小孩子都很喜欢水。海边、湖泊、小溪，对他们来说都有令人无法抗拒的魅力。哪怕是最最简单的儿童戏水池，对他们来说也充满着吸引力。

又有哪个孩子能够抵挡得住雨后的小水洼呢？

不管是在家里还是在外面，不管是用水杯、勺子还是小桶，玩水都能锻炼孩子的多种智能。

玩水时用到的智能

- 身体—动觉智能：准确地使用不同的容器和物品；制作一些可以漂浮起来的玩具或小船。
- 逻辑—数理智能：理解许多物理概念，比如体积、浮力、阿基米德原理，等等；通过尝试和错误发现事物的原理。
- 视觉—空间智能：仔细观察水中实验的结果。
- 自知—自省智能：在实验的过程中，在内心同自己对话。
- 交往—交流智能：孩子就自己发现的问题向大人提问。

科学原理

给孩子提供一些用水做实验所必需的材料，这些材料在厨房的橱柜里就能找到：大小不同的盒子、各种各样的漏勺、木制小勺、大汤勺、海绵。孩子通过把水从一个容器倒进另一个容器，能够了解体积的概念，还能发现浮力、水流和波浪。你会惊异于孩子竟然能用水完成这么多的实验。

等孩子稍微大一点，就可以让他做一些关于浮力的实验了。给他一些不同的物体（铅笔、瓶塞、塑料玩具、玻璃弹球、蜡烛、螺钉、奶瓶、梳子、橡皮筋、小石头，等等），让他自己试验哪些东西可以浮起来，哪些东西浮不起来，哪些东西在特定的情况下可以浮起来，哪些东西一开始可以浮起来，但是会沉没（比如装水或小石头的盒子）。鼓励孩子进行数学思考：在盒子里加上多少重量时，盒子才开始下沉？

引导孩子思考关于浮力的话题。给他一个实心小球或一块橡皮泥：它会像小石头一样沉入水底。再让孩子把橡皮泥捏成小船的形状：它会浮起来。让孩子思考一下改变的是什么。你还可以让孩子比较一下物体在清水和盐水中浮力的不同：盐水相比于清水能够让更重的物体浮起来。

玩水的地点

如果家里有浴缸，那它就是孩子一开始玩水最理想的地方了。如果没有浴缸，可以在浴室里放一个大盆（或者一个足够大的水桶），下面垫一块大毛巾。

如果带孩子外出，去儿童戏水池或游泳池的话，一定要时刻监护好孩子，哪怕水深只有20厘米，也有可能会使孩子溺亡！所以，陪孩子玩水的时候，一定要寸步不离，哪怕你忘了把手机带在身上，哪怕手机一直响，也暂时不要理会。

用水写字

你可以找一个喷雾器，装满水，让孩子在路面上通过喷洒的方式写数字或字母。孩子也许会觉得这种方式比用笔写字更加有趣。不过，不要让孩子在瓷砖上这样写字，否则地面很快就会变滑。

制作小船

船的制作结合了所有的工程科学和美学知识，而且很有趣味性。只要几分钟的时间就能把一个塑料瓶变成一艘小船。首先在塑料瓶里加入一点水或沙子，用瓶塞把瓶子盖上，保持它的浮力。然后把瓶子横放，在上面挖一个小洞，用来插桅杆，再找一块布料，做成船帆。还可以找一块塑料泡沫，做成小船的形状，用铅笔当桅杆，用布当船帆。如果孩子测试自己的小船在有风的时候能不能航行，他很快会发现龙骨的重要性，龙骨既能让船保持方向（防止船掉头），又能让船在有风的时候也不会偏离航向。

等孩子长大了，可以让他按照图纸制作一些更加复杂的船模。在网上或图书馆都可以找到相关的图纸。

写日记

即使孩子还不会写字，我们也可以培养他对日记的兴趣。写日记能够促使孩子进行思考，促进孩子的人格和自我认知的发展。

写日记时用到的智能

- 自知—自省智能：表达自己的想法、问题、感受和情感，还有恐惧或焦虑，不让它们深埋心间。
- 言语—语言智能：使用孩子正在练习的语言工具。
- 交往—交流智能：让大人帮助自己写日记，并一起讨论日记的内容。
- 视觉—空间智能：写下自己想象出的一些“内心戏”；通过画画或拼贴的形式把日记内容展示出来。

日历日记

使用日历记日记是鼓励小孩子开始记日记的一个很简单的方法。日历上的空格正好够写下几句简单的话或者画一幅小画。一开始，你可以帮助孩子填满这些空格，很快，孩子就会开始想自己动手。这种图画和直观可见的方式可以让孩子思考一天当中发生的事情，教他认识一个星期中的七天，还可以通过向孩子讲述接下来将会发生的特别的事情，让孩子理解“将来”的概念。年末的时候，可以把日历整理保存起来，写下孩子的名字和年份。

睡前日记

以一种积极的记录形式结束自己的一天，对小孩子来说是一种很好的方式。在孩子的床边放一个本子。晚上亲吻孩子和关灯之前，抽出几分钟的时间，和孩子一起记录下刚刚过去的一天中发生的好玩的事情，或者值得孩子骄傲的事情。可以让孩子说，你来记。和孩子一起回想一天中的事情，要多回忆积极的一面，帮孩子建立起良好的自我评价。一旦孩子对记录自己的想法和生活中重要的事情产生了兴趣，那么等他大一点，学会写字之后，他还是会保留这种习惯，还会写其他形式的日记，比如记录自己的梦境，写私密日记，等等。

假期日记

孩子可以通过记下日期，用句子、图画或物件的形式记录自己在假期中发生的大大小小的事情，比如游乐场的入场券，和奶奶一起做蛋糕的食谱，散步时拍的照片，树林里采集的落叶，雨天摆乐高时的照片，看望一位阿姨的经过，等等。找一个孩子空闲并且安静的时刻，建议孩子补充自己的假期日记。这也是在多雨的假期让孩子忙碌起来的一项活动。如果你的孩子要说的话比较多，那你可以在每一次假期，或者每一年都给他一个新的本子，用来记录假期日记。

读报

一些家长往往认为报纸是大人读的东西，但事实上，报纸也是帮助孩子学习读和写的理想工具。由于报纸上的内容很快就会过时，所以孩子能够源源不断地获得持续更新的学习材料。以下几点建议告诉你，不要光用报纸来点火，也不要早早地把它丢进回收箱，而是好好地利用它。

自然观察智能。如果孩子已经开始学识字了，那他肯定会被报纸头版大标题中自己认识的字所吸引。与其给孩子买一本无聊的识字练习册，不如让孩子在新闻标题中圈出自己认识的字。之后可以让他观察更小号的字。不久孩子就会问你：“这是什么意思呀？”这说明他已经学会阅读啦。

身体—动觉智能。从报纸的新闻标题中剪下一些大号的字来，让孩子做一本字画册，是一个很好的办法。孩子可以在一张白纸上贴一个“大”字，然后画出或者剪下所有以“大”打头的东西的图片，比如“大树”“大山”。这些剪下来的字还可以用来玩拼字游戏，让孩子拼出一些简单的词语，比如自己的名字、家庭成员的名字或家里宠物的名字。

视觉—空间智能。学习“解读”报纸和杂志上的图片，将会激发孩子对许多话题的好奇心，他会把自己的好奇心转化成问题来问你。

视觉—空间智能和身体—动觉智能。报纸和杂志上的图片是进行拼贴的最理想的素材。如果是黑白图片，那么孩子可以自己用水彩笔、颜料、彩色铅笔或蜡笔给它涂上颜色。

言语—语言智能。你可以让孩子在人物图片旁边加上一些对话框，让孩子想象人物可能会说些什么，孩子就变成了小小漫画家。如果孩子不会写字的话，你可以“代笔”。如果孩子想给图片中的男士画上胡子，给女士戴上帽子，那也没有什么不可以的呀。

逻辑—数理智能、视觉—空间智能和自然观察智能。报纸上的天气预报是一个很好的素材，可以激发孩子的科学精神，增加孩子的地理常识，帮助孩子理解一些符号的使用（比如水滴代表有雨，雪花代表有雪，闪电代表雷雨），并让孩子对自然产生兴趣。问一问孩子，他认识的人所在的地方天气怎么样："奶奶家在马赛，她们那里今天的气温是多少度呀？布鲁塞尔的叔叔那里又是多少度呢？"

阅读和喜欢阅读

让孩子成为一个热爱阅读的人，永远都不会太早或太晚。甚至从宝宝还没出生的时候，你就可以开始大声地给他读故事了，这样，

等孩子一出生，就能分辨出他还在肚子里时你给他读的故事。最重要的是要让孩子明白，阅读是一件快乐的事情。如果孩子经常看到自己的爸爸妈妈读书，那他自然也会想要模仿，就好像如果

阅读时用到的智能

- 言语—语言智能：阅读可以丰富孩子的词汇量和句型知识，还能提高孩子的语言表达能力。
- 自知—自省智能：发现故事和现实生活之间的联系。
- 视觉—空间智能：根据故事在内心想象出无数的画面。
- 交往—交流智能：从别人的角度出发看待生活；更好地理解人的行为，了解人们是怎样解决问题和做出行动的。
- 逻辑—数理智能：跟随故事的思路，理解一些行为的后果；提出问题。
- 自然观察智能：根据图书馆的分类方式，发现各种不同类型的书。

事实上，阅读是培养各种形式智能的一把全世界通用的钥匙，因为在书中（等孩子长大了，还可以通过网站）我们能够探索所有的主题：自我认知，体育运动，数学，电影，音乐，人际关系，自然。

看到爸爸妈妈演奏音乐的话，他也会想演奏音乐。小孩子天生就愿意模仿别人。但是，如果你自己正在看电视剧，或者一分钟刷三次朋友圈，却对孩子说：“快去读书吧！”那就收效甚微了。有一件事情是可以确定的：孩子的阅读兴趣不应该等他上学后由学校来培养，而应该由你来培养。

为孩子读书

要想让孩子热爱阅读，首先要读给孩子听。

当孩子听到一些新词出现在各种不同的故事背景中，他的词汇量会得到丰富。他会记住很多不同的句式，这可以帮助他发展并形成自己的想法，也有助于他的书写和口头表达能力的提高。他通过自己听到的故事认识世界，理解人的感受和情绪的表达，知道怎样解决问题，怎样和别人建立关系。

从什么时候到什么时候

从孩子三个月大，可以把他放到你的腿上开始，就可以给他读故事了。要按照书上的原文读，即使幼儿图书中的一些词已经超出了大人在日常对话中使用的词汇范围，那也没关系。

孩子会慢慢长大，但家长不要太早停止为孩子读书，即使孩子已经学会熟练地阅读，你也可以继续为他读书。这是一段愉快的亲子时光，你还可以趁机让孩子了解你对一些书的兴趣。

睡前阅读的重要性

睡前阅读是特别能够向孩子表达爱意的时刻：也许你这一天很累，很忙，但你还是愿意花时间和孩子一起分享书中的故事。并且，你还引起了孩子对书籍和阅读的兴趣。在睡前和孩子一起阅读，在孩子快要入睡的时候轻柔地抚摸和亲吻孩子，这就是最好的教育。

首先要选一个舒服的姿势。有一些孩子的脚搭下来都已经快要够到地面了，但还是坚持要坐到爸爸妈妈的腿上。其实，如果在你读书的时候能看到你的脸，对孩子来说会是一件很有趣的事，特别是如果你在这时能够尽情地展现你的演技的话：你可以做一些鬼脸，还可以根据不同的人物和人物不同的情绪改变你的声音。读到刺激的部分时你可以加快语速，读到有悬念或悲剧的部分时你可以放慢语速。

注意：要把睡前阅读当成一种共享美好亲子时光的仪式，而不要有什么别的目的。如果你希望让孩子学习一些词汇，那可以选择在其他时间段进行。

阅读日记

如果孩子足够幸运的话，那他在整个童年和青少年时期能够听到和读到几百本书。可是等他们成年之后，却可能很难记起自己最喜欢的书的名字。为什么不建议孩子记一本阅读日记呢？你可以在里面记下你给孩子读过的每一本书。一开始，你可以写下书名，让孩子画一幅画来描述这本书。等孩子学会了写字，他就可以接你的班了：可以让他写下书名和作者名，总结一下书的主要内容，还可以加上自己的评论。

木偶和面具

在欧洲和亚洲的很多传统文化中，都有木偶这种艺术形式。通过木偶，许多场景都以一种安全的方式得到呈现。孩子有时会想要做出一些不好的行为，有了木偶，他们就可以无礼和吵闹，可以大喊大叫，可以惩罚别人，可以变得粗暴，可以打人，因为这些都不是真实的。面具也有着十分悠久的历史，从古希腊人的戏剧表演，到非洲文化中的祭祀活动，都有面具。不论是大人还是小孩，都

玩面具和木偶时用到的智能

- 言语—语言智能：想象一些人物、对话和场景；想象故事的开端、发展和结局——这正是叙事的三大要素。
- 自知—自省智能和交往—交流智能：表达情绪，躲在木偶或面具之后，通过故事的形式展现自己的性格。
- 身体—动觉智能和视觉—空间智能：自己动手制作木偶和面具；进行木偶表演。
- 音乐—节奏智能：用不同的音调和声线表现不同的人物；选择木偶表演或面具表演的配乐。

会对面具感兴趣，因为我们可以藏在面具的后面，改变自己的性格。面具和木偶一样，都可以保护它的主人，并且有一种让人获得解放的效果，特别是让人有了表达的自由。当真正的性格被隐藏在面具之后，许多原本比较害羞的孩子开始变得健谈，充满了幽默感或丰富的情感。

木偶的制作

先从手指偶开始：可以去买，也可以用旧手套、厨房手套或袜子自己制作。先让孩子把手伸进手套或袜子，做出一些动作，进行人物构思。然后可以让孩子用记号笔画出人物的脸。可以用纽扣做眼睛，用线或者麻绳做头发。还可以用永久性记号笔把橡胶手套做成手指偶，让孩子洗澡的时候玩。

找一个小土豆，在上面插上一支铅笔，用水彩笔画上几笔，再找一些葡萄干、干果、纽扣和彩带等装饰一下，一个栩栩如生的人物就做好了。

找一个纸袋，里面塞满报纸，可以做成木偶的头。然后从下面把纸袋系住，插上一根小棍用来控制木偶。用一块碎布把小棍遮盖起来，就藏起了操纵木偶的手。

还可以让孩子按照自己喜欢的人物或动物的样子制作平面木

偶：剪一张照片，把它贴在纸板上，然后再把贴着照片的纸板剪下来。可以用小棍固定住纸板的下端，用来控制木偶，还能用彩笔和其他装饰物来装饰它。

手比较灵巧的孩子可以把布娃娃变成牵线木偶：找四根线，一端绕在组成 X 形的两根筷子（或两把小木勺）上，另一端绑在布娃娃的手和脚上。控制牵线木偶对孩子来说是一个真正的挑战，要经过几个小时的尝试才能逐渐熟练起来。

面具的制作

不用等到下一次外出旅行的时候才去买价格不菲的面具，只要一点点材料，就能自己动手制作。纸是一种完美的材料，因为它容易使用，又几乎不用花钱。纸袋、纸盘或纸盒都可以用来制作面具。

只要一把剪刀，胶水和胶带，一个订书机，一些橡皮筋，几支记号笔，再加上一点想象力，就可以制作出各种各样的面具。

要想制作更复杂一点的面具，可以使用裱纸：找一些报纸，在加了面粉或胶水的水里把它浸湿，然后把它铺在一个鼓起的球上晾干。你可以上网查一查具体的制作方法。

表演

最简单的木偶表演方式就是躲在沙发后面或铺着桌布的桌子底下。如果你害怕把家里弄乱，可以让孩子找一个大纸箱，在纸箱的前面挖一个窗户，做成一个木偶演出“剧场”。或者如果你自己比较善于动手的话，可以找三块纸板，把它们胶合在一起，做成一个剧场的形状，在中间的纸板上挖出表演用的窗户。你可以和孩子一起装扮剧场。

微型世界

孩子小的时候生活在一个对他来说十分巨大的世界里，家具、汽车甚至是厨房用具都让他们感觉自己很渺小。所以他们喜欢小房子、布娃娃、电动小火车和各种小人：在微型世界里，他们终于能够成为巨人了。

在微型世界里可以用到的智能

- 身体—动觉智能：摆弄玩具小人，给人物制作装饰品。
- 言语—语言智能：想象一些故事情节；编造不同人物的对话。
- 逻辑—数理智能：问一些关于比例、角度和操作的问题。
- 视觉—空间智能：在头脑中想象出许多微型世界的画面。
- 自知—自省智能：通过微型世界和发生在那里的故事，可以经历一些在现实生活中经历不到的事情。
- 交往—交流智能：通过让不同的人物在微型世界中生活，孩子可以建立许多不同的关系。

纸盒造景

造景就是在一个小小的空间里布置出一个迷你小世界，比如鞋盒造景或纸盒造景。它呈现的是一个微型的场景或风景，有不同的人物和配饰——圣诞节的马槽就是一个典型的造景。孩子可以利用造景，按照现实或想象，根据自己知道的故事来呈现这个世界。

造景的制作很简单：找一个纸盒，把它侧放，纸盒的盖子也可以作为额外的装饰，然后逐渐地往里面填充不同的东西。要想让造景看起来严谨、真实，最关键的就是比例。因为造景里的人物都比较小，所以最好准备一些和人物的大小比例相当的装饰品。

在造景盒的内壁上，孩子可以画上天空、风景、城市生活场景或房子的内部装饰。要想让造景看起来更加真实，还可以从杂志上剪一些图片，把它们贴在造景盒的盒底，当作远景。

根据不同的主题，孩子可以使用各种配饰来装扮造景盒内部，只要配饰的大小符合比例就可以了。孩子的想象力可以把这些配饰变成各种元素。

玩具房子和其他玩具

市面上可以买到各种经过加工制造的玩具房子。不过，商业制作的玩具房子的缺点在于，它限制了孩子的想象力：它不过就是一座玩具房子，里面有不同的房间，还有不同的人物。并且家长们更愿意让女孩玩这种玩具，不愿意让男孩玩。不过，要是自己用纸盒做造景的话，男孩和女孩都可以根据自己的兴趣爱好制作不同的场景：消防营、火车站、马房、空间站或者是洋娃娃住的房子。

首先，找四到六个结实的、大小不一的纸盒，大的像鞋盒那么大就可以了。可以让孩子把纸盒的开口朝向同一边，把它们堆放在一起，然后再把它们粘起来。孩子可以随着造景的空间和结构的变化添加一些楼层或房间。他可能会需要你帮助他剪出卧室的门，或者在天花板上挖一些洞，好做楼梯。至于内部装饰，你可以去商店里跟人要一些彩色壁纸的样品，这对孩子来说就像金矿一样宝贵。孩子可以用这些壁纸来装扮小房子的墙壁，制作窗帘、床罩和地毯,也可以从杂志上剪一些照片用作装饰。家具可以用瓶塞、小木板、折纸、纸板或塑料泡沫来制作。别忘了给孩子准备好剪刀、胶带和胶水。

就算你觉得孩子做的东西不够漂亮，也不要插手，除非他向你求助。别忘了,当孩子用剪刀剪出一块长方形的壁纸做地毯的时候,他在脑海中想象的是一张真正的地毯哦。

音乐

孩子幼时一个最大的发现就是认识到自己能够发出声音。小婴儿已经可以用嘴发出各种各样的声音了。等他学会了抓握，他就开始使用手里的一切东西敲打桌子。吃饭时借用伸进口中的小勺进行“说唱”，让小婴儿感到分外开心——当然，会令你感到分外恼火。其实，各个年龄段的孩子都喜欢自己发出声音。他们喜欢摆弄木栅栏上的木棍,也喜欢敲打所有空心的东西。在幼儿园里,孩子们甚至能用鞋子上的金属搭扣演奏出交响乐的效果来。

自从孩子出生，甚至还要更早，从宝宝在妈妈的肚子里能够感知到各种声音开始，音乐就已经成为了生活的一部分。可是一些家长，如果他们自己不是音乐家，即使自己喜欢听音乐，对培养孩子潜在的艺术才能也会感到手足无措。他们存有疑虑,常常认为,只有自己会弹奏乐器,会唱歌,才能和孩子一起玩音乐。其实并不是这样!要想培养孩子潜在的艺术能力,你只要建议他由易到难地参加一些不同的活动就可以了。如果孩子开始弹奏乐器,那么他的八种智能都能得到锻炼。

演奏音乐时用到的智能

- 音乐—节奏智能:探索所有的音乐基本要素:旋律、和声、节奏、音调。
- 身体—动觉智能:首先,发现动作和声音之间越来越紧密的联系;其次,弹奏一种或几种乐器,并可能学会自己动手制作乐器。
- 逻辑—数理智能:发现音乐的构成(节奏、音调、八度音,等等)。
- 自然观察智能:了解不同类型的音乐,不同的乐器,还有交响乐队中的各种乐器。
- 自知—自省智能:通过声音和节奏表达自己的情绪或心情。
- 交往—交流智能:发现几个人共同演奏音乐的乐趣,也许有一天可以参加管弦乐队。

发现声音和节奏

一把小小的金属琴或者木琴就能让孩子了解音乐的不同要素：

√ 升调和降调，还有音阶的概念；

√ 不同的节奏；

√ 从最低音到最高音，各种不同的音量。

要想让孩子发现这些，你可以采用和唱歌时一样的游戏形式（见 170 页“重复音乐”部分），首先让孩子重复你发出的音，然后让他自己编一句旋律，由你来重复。你还可以编出各种不同的旋律，问问孩子：

√ 你能按相反的顺序哼唱这些音符吗？

√ 你能用另外一种节奏哼唱这些音符吗？

√ 你能一个高音、一个低音交替着哼唱吗？

√ 你能用不同的节拍哼唱吗？

用金属琴弹奏一首孩子熟悉的曲子，也是一种有趣的方式，能让孩子同时发现音符的音高和节奏。要用游

戏的方式，而不要用学校里上课的方式进行。你可以唱出孩子唱错了的音，和孩子一起享受大笑的快乐……

听音乐

“听到”和“听”是两个不同的动作。“听到”就是通过声音接收到信息。“听”是一个主动的动作,需要把注意力集中在声音上。培养孩子听音乐的能力，和培养他的语言能力是一样的。当孩子听到这些复杂的声音组合时（就像他在学习语言时听到复杂的词语和句子组合一样），他需要我们帮助他破译这些声音和节奏的组合。最简单的办法就是和孩子讨论他听到的音乐，逐渐给他介绍一些关于乐器(“听,这是笛子的声音”),关于节奏(“这是一首华尔兹！”),关于音乐类型（是奏鸣曲还是说唱），还有关于作曲家的常识。

创作音乐

要想鼓励孩子自己进行音乐创作，你要告诉他一个关键点：音乐是可以表达情绪的。等孩子学会了自己创作声音，不管是用打击乐器还是用唱歌的形式，你都可以建议孩子创作一些和不同的情绪有关的音乐：

哪些声音可以表达……

√ ……难过、高兴、生气、厌烦、幸福。

√ ……我想摸一摸爸爸。

√ ……明天，我们要去爷爷奶奶家。

√ ……我和我的好朋友吵架了。

还可以反过来，让孩子听一些不同类型的、没有歌词的音乐：

√ 这首曲子可能表现的是什么呢？是快乐、愉悦、烦恼、阳光下的假期、友谊、幸福，还是奶奶的去世？

√ 我们可以给这首曲子配一张什么样的照片或图片呢？

初级乐器

也许孩子还不会用真正的乐器弹奏音符，也不到上音乐学院的年龄，不过，他已经可以把一些家用物品改造成弦乐器或打击乐器了。他需要对制作材料进行测量、测试和调整，让它们发出不同的声音。在家长的帮助下,四五岁的孩子能制作出许多乐器呢。

以下是一些制作乐器的材料建议：

- 谷物盒、牛奶盒或空塑料瓶，两把小木勺。
- 金属咖啡罐，不同数量的大米、葵花籽、核桃、小石块、面团或豆子。

- 向卫生纸的卷筒内加入一些东西，然后堵住两端。
- 两个纸杯，装上大米、绿豆或豌豆，然后杯口对杯口，把它们粘起来。
- 两个滤茶网，装上玻璃弹球，然后网口对网口粘在一起。
- 橡皮筋捆住盒子，用一块圆木作为支架。
- 刷过粗糙鞋底的刷子。
- 把一些钥匙系在鞋带上。
- 把一串贝壳穿在绳子上。

如果孩子希望开始学习真正的乐器，那就鼓励他去学吧！

音乐和舞蹈相结合

孩子天生就喜欢跳舞。舞蹈离不开音乐，音乐自然也离不开舞蹈。孩子小的时候听儿歌，或者长大一点听歌曲的时候，你可以建议他，把自己听到的内容表现出来，也就是跟着音乐跳舞，但是不要强迫他。孩子能够通过动作的节奏更好地认识音乐的节奏。

弹奏乐器

孩子三到四岁就可以开始学习乐器了。这需要孩子付出很多的努力，不过，同时也要让他感受到快乐。“弹奏乐器”也可以说成是“玩乐器”，这个“玩”字也很重要。

选择乐器有时是一件比较困难的事。你可以利用各种机会让孩子接触不同的乐器，并让他自己做出选择。租乐器是一个不错的选择，如果孩子发现自己不喜欢的话，还可以换别的。如果孩子坚持想试试钢琴的话，先买一架质量好一点的二手电子琴让孩子练手，是一个不错的选择。

自然

许多生活在城市里的孩子几乎已经和大自然失去了联系。也许他们能够说出一连串电视剧的名字，但是却叫不上鸟（除了鸽子）和树（除了松树）的名字。

很遗憾，这并不利于孩子的大脑发育。人类是自然的一部分。如果切断了和自然的联系，人就没有办法享受自然给我们带来的财富和好处。学会观察自然，和自然互动，对孩子来说是发

接触自然时用到的智能

- 自然观察智能：观察自然，给物品分类。
- 音乐—节奏智能：注意声音和自然之间所有可能的关系：鸟儿的歌声，风吹树叶的声音，动物的叫声。
- 视觉—空间智能：观察自然中物体的颜色和形状，以及它们随着时间所产生的变化。
- 自知—自省智能：感受自然带给人的情绪，比如观察季节的变换或花儿的生长时的不同心情，或者面对激烈的自然现象时产生的担心。
- 逻辑—数理智能：观察自然中的逻辑进程（比如一株植物的生长）。
- 身体—动觉智能：通过各种各样的形式和自然进行交流，比如种菜，照顾小动物，或者在秋天捡拾落叶。
- 交往—交流智能：和别人一起亲近自然；用自然中的东西制作礼物。
- 言语—语言智能：阅读关于自然的书籍。

现问题和发出赞叹的源泉。如果你生活在大城市里，公园和绿地都可以让你和大自然保持最起码的联系，前提是你要真正地看到这些绿地“自然”的一面，而不仅仅是给孩子找一个游乐场所。

和大自然进行交流，所有形式的智能都会被调动起来。

小动物和大动物

孩子很小就开始对各种各样的动物表现出兴趣，不管是大动物还是小动物：昆虫（比如漂亮的鞘翅目昆虫）、蜘蛛和它的蛛网、猫、长颈鹿、大象，等等。这是一个可以无尽探索的世界，令人着迷。不过，家长必须要给孩子创造接近动物的机会才行。如果对孩子来说，“老鼠”只意味着电脑里的图片，或者是米奇的形象，那就太可惜了！在现代生活环境中，昆虫和其他小动物经常被认为是有害的：苍蝇、蚊子、蜘蛛、黄蜂、蝴蝶或蚂蚁在人的家里常常是不受欢迎的。而在大自然中，它们都有自己的位置，也都有各自的用处。我们要找到或者创造机会，让孩子去发现这个神奇的小动物世界，而不要带有抵触的情绪。要想让孩子看大一点的动物，那就要去动物园了。你可以利用去树林里游玩或者参观农场的机会，让孩子发现动物的世界。

野外游玩

即使我们生活在大城市里，在家附近一般也能轻易地找到树林。要早早地带孩子去树林里玩，并经常去。在森林里，各个年龄段的孩子都能有自己的发现，动物、树、蘑菇、花，还有小灌木。孩子的各种智能都能发挥作用。如果你家里有双筒望远镜，这时就可以派上用场了，或者你也可以在孩子过生日的时候送他一副望远镜作为礼物。

如果你家附近有海或者池塘，那么让孩子亲近这些有水的自然环境，永远都不会太早。要和孩子一起去发现，否则孩子可能认为大海就意味着沙滩，池塘也只是一片没有什么特别之处的水。

假期常常是城里的孩子们亲近大自然的好机会，家长要尽量选择没有过度城市化的度假场所。你可以找一找，看家附近有没有农场、森林或植物园。要利用一切机会让孩子接触远离钢筋混凝土的世界。

雕刻

只有在丰富的感官刺激下，孩子的大脑才能得到良好的发展。音乐、颜色、美味可口的东西、温柔的抚摸，都能促进大脑的发育。触觉刺激对提高孩子的专注力、记忆力和学习能力都是很重要的。可惜，很多孩子都缺乏触觉刺激——点击平板电脑或智能手机的

雕刻时用到的智能

- 身体—动觉智能：雕刻时需要各种形式的触摸。
- 视觉—空间智能：根据头脑中的想象，制作出一些三维的形状。
- 自知—自省智能：设计雕刻作品的时候，倾听自己的情绪。
- 自然观察智能：发现雕刻的不同材料，以及不同类型的雕刻作品。

屏幕可不是真正的触觉刺激。

雕刻，是发展孩子触觉的一种理想方式。如果你认为雕刻仅仅是博物馆里那些大理石雕塑的话，那就要改改你的看法了：孩子从很小的时候就可以开始接触雕刻艺术。

初试身手的“软雕刻”

这种形式的雕刻需要使用的材料很便宜，有时甚至是免费的：沙子、黏土、橡皮泥，所有孩子的小手能够捏出形状的东西，都可以。

软雕刻非常适合初次接触雕刻这种形式的孩子，因为如果他对自己的作品感到不满意，可以反复使用这些材料。如果孩子不

喜欢自己用橡皮泥捏出的小猫，那他可以把它团成一个球，然后重新捏一个小猫，或者把它捏成小狗。孩子的作品没有成功或者失败之说，他的创作只是感觉、实验和玩乐。软雕刻的好处之一是可以随时改变正在创作的作品的形状。孩子可以不断地改变作品的形状、大小和构成，并能深深地感受到自己动手的快乐。

如果你担心在家里进行手工艺术创作会把家里弄得乱糟糟、脏兮兮的话，以下有几点关于软雕刻的建议。

沙子城堡

几乎没有孩子能够抵抗沙子的吸引力。一开始孩子只是喜欢把沙子装进小桶，慢慢地，他开始学着用沙子进行搭建和雕刻。除了必备的塑料小桶和小铲子以外，你还可以给他准备一些别的工具，比如木勺、筛子、塑料盒、凿子、冰块模具，等等。

如果你家附近没有海的话，那你可以找一个塑料容器，盛一些沙子，把它倒在一块防雨布或者油布上让孩子玩。

黏土和橡皮泥

黏土是雕刻的首选材料。不过，让孩子玩黏土之前，可以先让他玩橡皮泥。市面上有各种各样的橡皮泥，质地和特点各不相同。一些橡皮泥因颜色不易相混，很方便回收；一些橡皮泥的颜色很容易混在一起；还有一些是可食用橡皮泥……你可以先给孩子买最普通的那种橡皮泥，然后再根据“未来雕刻家”的需要不断地变换选择。

可食用“橡皮泥”

如果你担心孩子会误食橡皮泥，里面含有的化学成分对孩子的健康不利，那么你可以让孩子玩没有危险的可食用橡皮泥（并不是说这种橡皮泥很好吃哦）。

配料

面粉：120g	精盐：20g
小苏打：10g	水：200ml
植物油：1 勺	食用着色剂

制作方法

- 把面粉、盐和小苏打倒在锅里。
- 加入油和水，搅拌均匀。加入几滴食用着色剂，重新搅拌均匀。
- 用小火加热，不停地翻动，直到面饼变厚。

- 等到面饼变厚，关火，把面饼倒在碗里，呈一个半球形。
- 用食品保鲜膜把碗罩住，放一个小时。
- 要想得到不同颜色的橡皮泥，需要使用其他颜色的食用着色剂重复上面的操作。把这种橡皮泥装在密闭的盒子里，放入冰箱，可以保存好几个星期。

可以吃的雕刻作品：油酥面团和小面包

油酥面团和小面包既可以拿来练习雕刻，又美味可口。

很多食谱中（或者网上）都可以找到油酥面团和小面包的制作方法。揉好面团，把它摊放在托盘或面板上，给孩子一把安全的小刀，小小雕刻家就可以开始工作啦。通过切、压、揉、做、闻和吃，孩子的各种感官都被调动起来。你还可以给孩子一些其他的材料，让他加入自己的创作中。比如做油酥面团的时候，可以给他一些糖渍水果或巧克力碎；做小面包的时候，可以给他一些绿橄榄或黑橄榄、火腿片或奶酪……

然后，把这些美味烤熟，让孩子和他想象当中的人物和动物们一起品尝这些美味吧。

可以烤的雕刻作品：盐面饼

在所有能够用来雕刻和制作的材料中，盐面饼无疑是最受欢迎的，小到 18 个月的孩子，大到七八岁的大孩子，没有不喜欢盐面饼的。盐面饼有许多制作方法，以下是最基本的制作方法。

配料（可以根据需要加倍）

面粉：一杯

盐：半杯

水：半杯

制作方法

- 把面粉和盐混合。
- 边用手指揉捏边慢慢地加水，直到揉成一个软软的面球。

- 如果面太稀，就再加点面粉；如果面太硬，就再加点水。
- 把做好的盐面饼装入密闭容器，放入冰箱，大约可以保存一周。

焙烧

- 如果想保留孩子的艺术作品，把盐面饼放入烤箱烤两个小时就可以了（温度最高调节到120℃），比较厚的东西烤的时间要久一点，薄的东西烤的时间短一点。

装饰

- 最适合装饰盐面饼的颜料就是丙烯颜料。盐面饼会吸收颜料，所以需要画上厚厚的一层。小孩子可以用记号笔或蜡笔给盐面饼涂上颜色。

彩色盐面饼

- 可以在烤之前就给盐面饼涂好色。可以加一些着色剂，比如：

- 在面粉中加入天然的粉末状材料（红辣椒、藏红花、咖喱粉、巧克力等）；
- 加入液态的食用着色剂或者水溶性的颜料。
- 还可以加上一些亮片，做成闪闪发光的盐面饼。

有香味的盐面饼

- 如果想让盐面饼不光唤醒孩子的触觉和视觉，还可以加入几滴油或者天然的香精，让它发出香香的气味。

烟斗通条雕塑

五颜六色的烟斗通条可以提供无尽的雕塑素材，激发孩子的视觉—空间智能和身体—动觉智能。使用方法很简单：只要拧一下，把它弯曲就可以了。很快，孩子就可以学着用它来制作人物、动物或其他物品，或者试着拧出字母的形状。还可以制作一些抽象的作品，激发孩子的想象力。

室内运动

孩子的身体需要不断的活动。只要你让他们活动，他们似乎从来都不知道疲倦。家长常常认为孩子必须要参加一些有组织的身体活动，所以给他报名参加各种各样的体育俱乐部（比如足球、体操、骑马等），里面有各种规则和约束。有条件的时候，室外活动当然是最好的，但其实，一些活动在室内也可以进行，而且几乎不需要什么成本。当然，最理想的条件是孩子可以和其他小朋友一起在家里玩。发明一些游戏，特别能够调动孩子们的积极性，还可以让一个无聊的下午变得有趣起来。

室内运动用到的智能

- 身体—动觉智能：锻炼平衡能力、灵活性、身体的协调能力和反应能力。
- 视觉—空间智能：根据现实条件想象游戏如何进行（在室内还是室外，都有哪些材料）；在游戏过程中移动。
- 逻辑—数理智能：清楚地制定游戏规则、游戏策略，计算游戏得分。
- 交往—交流智能：共同制定并遵守规则，学会协商，解决冲突。
- 自知—自省智能：知道赢和输，学会管理游戏中产生的情绪。

障碍跑

如果家里的自行车、小三轮车和旱冰鞋已经开始落满尘土，那么障碍跑能够很好地把它们利用起来。首先找一个开放的、安全的空间，然后让孩子设计一条跑道，跑道上必须要设满障碍：旧纸箱、包装袋、椅子、花盆，等等。一定要小心，小心，再小心，在孩子开始障碍跑之前，一定要再检查一下路线。如果你认为有必要的话，可以让孩子戴上头盔。比赛开始，你可以让孩子们进行团体比赛或个人计时赛。你可以充当计时员，同时还能监护孩子们的安全。

槌球游戏和迷你高尔夫

槌球游戏和迷你高尔夫就是用一根木槌敲打着一个小球或玻璃弹球，绕过障碍前进。槌球游戏像是属于另外一个遥远的时代的游戏，不过孩子们常常对它充满热情，特别是如果能够自己动手参与制作游戏道具的话。这两个游戏非常有利于孩子的视觉—空间智能和身体—动觉智能的发展，因为要想得分，孩子必须综合考虑到小球（或玻璃弹球）的前进速度、敲打的用力程度、打球的角度、场地和障碍物等各个因素。制作槌球游戏道具再简单不过了！找一些结实的铁丝，把它弯成拱形，插进土里，拱门就做好了。可以把泡沫板插在或粘在木棍或扫帚把的一端，做成木

槌，或者去旧货店买一些旧的高尔夫球杆。用轻击球棒[1]来玩槌球游戏和迷你高尔夫是最完美的了。

比赛开始之前，设计迷你槌球的赛道需要一段时间，这能充分激发孩子们的发明创造能力。赛道可以设在客厅或院子里，孩子们可以用各种物品或家具设置一些障碍物。比如找一个圆桶，去掉它的盖和底部，横放在地上，做成一个“隧道”。一本打开的书，或者一块纸板对折，都可以做成小帐篷，让球在下面通过。还有很多办法：让球在两根椅子腿之间穿过，穿过一根 PVC 管，进入一只侧放的鞋子，通过一个纸板做的斜坡，等等。迷你槌球要几个人一起玩才更有意思。一起商量游戏规则也是孩子的学习经历之一。

桌面迷宫

这个游戏就像那种电动弹球一样，只不过没有电动装置，也没有机器上的“游戏结束”显示。它的玩法是，让孩子们在一块木板或硬纸板上设计并制作出迷宫，然后放上一颗玻璃弹球，晃动迷宫，让弹球到达终点。

制作迷宫需要把纸板剪成一些 4 厘米宽的长条，把它们牢牢

1 轻击球棒：一种高尔夫球用的球棒。

地粘起来，做成外边缘、墙、沟槽和通道——最后形成一条有障碍物的路线，让弹球在上面前进。通过抬起和倾斜迷宫让弹球前进，孩子们可以掌握速度、惯性、摩擦、角度和弹跳的概念。他们的手眼协调能力和精细运动能力都能得到锻炼。用计时器进行计时，还能增加游戏的趣味性。

空中保龄球

这个游戏操作方便，非常适合雨天在家里玩。首先在门的正上方高处挂一根绳子，绳子差不多要碰到地面。在绳子末端系上一个圆形的东西，比如网球、塑料球或土豆。在门前放上不同的物体，比如搭建游戏用的积木、毛绒玩具、塑料瓶、空牛奶盒或果汁盒。玩游戏的人抓住悬挂着的球，后退，然后把球抛出。制定好游戏和计分规则，打倒不同的物体可以获得不同的分数。如果你住在楼上，考虑到不要吵到楼下的邻居，你可以在游戏垫或地毯上玩这个游戏。

过道保龄球

孩子们可以把玩空中保龄球用的材料摆出一个过道，把需要击倒的东西放在过道的尽头。玩游戏的人尽可能地后退，然后把球抛出——网球或其他玩具球都可以。

跳房子

大家都玩过 T 形的跳房子游戏。我们可以建议孩子玩一些别的形状的跳房子游戏，比如螺旋形、正方形或者三角形的。孩子们需要的只是粉笔和家长的支持。等他们跳累了，可以利用粉笔写下来的数字，玩扔小石头或者掷飞碟的游戏。这样，他们还能通过计算得分练习心算。

踩高跷

小孩子都喜欢踩得高高的走路。你可以用两个圆筒形的铁罐（比如咖啡罐）来制作高跷。让两个铁罐的开口朝下，在罐底各穿一个孔，穿上一根绳子。根据孩子的身高调整绳子的长度，让孩子站到高跷上，扯紧绳子。你可以给孩子指定一条路线。高跷可以提高孩子的平衡能力，还有手和脚的精细动作的协调能力。

混合运动

你可以试着把以上好几种活动组合在一起，比如在高跷上玩障碍足球。通过这种增加难度的游戏，孩子能得到更好的发展——当然啦，一定要保证游戏的趣味性。

搭塔

为什么塔对人有这么大的吸引力，以至于一些富豪纷纷提议修建越来越高的塔呢？或许是看了《圣经》里面的通天塔，人们总是无意识地想要靠近天空？或许我们要从精神分析领域去寻找答案？无论如何，塔同样也吸引着孩子们，也许是因为他们能够从中了解到重力的作用：他们本能地想把积木堆得很高，想看看一直高到什么程度，积木才会壮观地倒下来。

搭塔可以丰富孩子的物理知识、工程学知识和建筑学知识。他们会提出一些问题，比如："这座塔有多高？""塔的地基有多大？""塔最后为什么会倒呢？"孩子掌握的物理学原理越多，就越有创造性。

搭塔时用到的智能

- 身体—动觉智能：做出精细而准确的动作，发展手眼协调能力。
- 逻辑—数理智能：考虑每一个步骤，了解物体的质量、力的作用、平衡、对称性和重力。
- 视觉—空间智能：通过准确的观察，一层一层地把塔搭起来。
- 自知—自省智能：集中注意力，管理控制自己的动作时产生的压力；通过不断的尝试发现更加完善的策略。

搭塔需要的材料

不是非得购买一些昂贵的玩具才能鼓励孩子玩搭塔的游戏。一开始，你可以去旧货店、二手市场，或者是从你小时候玩的玩具当中找一些立方体木块。你也可以从家里的橱柜或仓库里找到一些别的材料：各种各样的空盒子、储物盒、没有危险的木料，让孩子尽情地搭建。如果孩子的奶奶或外婆很喜欢送给孩子各种漂亮的圣诞礼物，那么你可以建议她送给孩子一盒小木板：孩子可以用它来搭塔，搭桥，或者别的东西。

各种各样的塔

卫生纸卷筒塔。卫生纸的卷筒对小婴儿来说是完美的搭建材料：大小合适，硬度适中，平稳，玩起来没有声音，也不容易损坏。孩子会发现，首先要搭一个地基作为支撑，让塔更加稳固，然后再一层一层地往上搭，同时要注意让卷筒的重量平均分配。不管结果怎样，这个游戏对孩子来说都是有趣的——并且搭建用的这个材料还可以用来做别的。所以，等家里的卫生纸用完了，你可以把里面的卷筒留下来，等以后给孩子当成搭建玩具玩。

厨房塔。把厨房的地面打扫干净，从橱柜里找出各种大小不同的空盒子和储物盒，孩子就可以玩搭塔游戏啦。

纸牌城堡。用纸牌进行搭建需要有灵巧的双手、精细运动能力和耐心。孩子通过测试三角形、长方形和正方形的稳定性可以学到一些工程学的知识。要小心风，还有，尽量不要对着纸牌城堡打喷嚏哦。

吸管塔。纸吸管可以以不同的方式搭成塔，可以按照粗细程度逐个套在一起，也可以粘在一起。孩子可以先搭一些小的形状，比如三角形或立方体，然后再搭建一个更大的形状。

牙签塔。牙签可以用来搭塔、搭桥和其他建筑物。可以用葡萄干、橡皮糖、小豌豆或橡皮泥把牙签连在一起。一边吃一边搭建，会让这个过程更加有趣。

报纸塔。把报纸卷起来，做成结实的纸筒，然后把它们粘在一起，组成不同的结构。把三四张报纸叠放在一起。从一个角开始，把报纸沿斜向卷起来（可以在里面放一支铅笔），一直卷到它的对角。剪掉多余的部分，这就可以作为搭建的基本材料。你可以用胶带把纸筒粘在一起。和吸管塔一样，孩子可以先准备一些正方形、三角形等基本单位，然后再把它们拼在一起，形成一个塔。

塑料泡沫塔。这种白色的材料十分轻巧，玩起来又不会发出声音，是一种很容易获得的搭建材料——很多包装纸箱为了防撞和保护易碎品，里面都会有

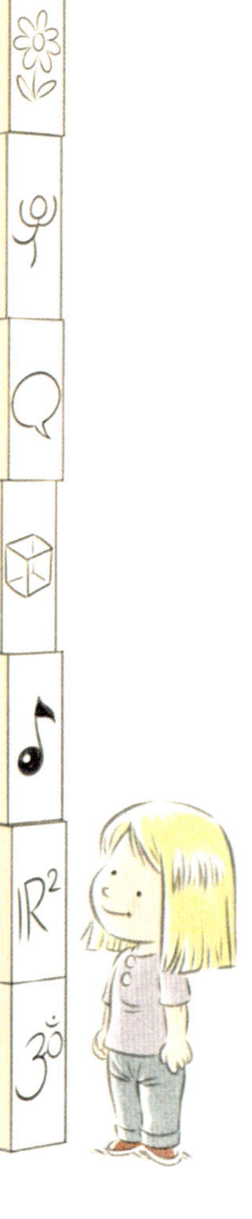

塑料泡沫。纸牌城堡和牙签塔需要的更多的是准确和小心，而塑料泡沫塔不同，它可以允许大的动作，允许有不规则的形状，它最重要的是要保持整体的平衡。可以用胶带把它们贴在一起，或者直接堆放起来，直到它失去平衡，自己倒塌下来。不玩的时候，可以把它们收拾在大垃圾袋里。

桥。告诉孩子，桥就像是水平的塔一样。塔害怕的是摇晃和倒塌，而桥害怕的是下陷。上面提到的很多材料，特别是牙签、吸管和报纸，也都可以用来搭桥。

编织

编织，一项缓解压力的活动

让孩子学习编织有很多好处。一些人把编织称为“新式瑜伽”，它已经成为了当下一些家长当中十分流行的活动，这些家长希望自己的孩子在一天的课业之后能够得到放松。由于编织需要不断地重复一些动作，所以它能锻炼人的耐性和专注力。

从孩子三岁就可以开始让他学习编织了，不过要记住，这个年龄的孩子专注力还是十分有限的，所以编织的时间最好短一点，让他下次还想继续，而不要用很长的时间去教他，因为这样他有可能就再也不想学了。

如果你的奶奶或邻居都不会编织，那你可以去买成套的编织用品，让孩子学习编织的技巧，开始自己的编织创作。

编织时用到的智能

见 176 页“针线活”部分。

材料

编织需要一套不同颜色的毛线，还有毛衣针。你可以在周围找找有没有便宜的材料：去旧货店看看，或者看看有没有好心的邻居愿意把他的材料借给你用，并给你一些建议。

毛线和编织活动

编织的第一首选是织绒球，不过风险是，孩子有可能会把它们到处乱放。

绒球的做法如下：

√ 找一个玻璃杯，利用杯底，在一块纸板上画两个圆。

√ 把这两个圆剪下来，在圆片的中间挖一个直径 2 厘米左右的孔，孔的形状不需要很完美。把两个圆片叠放在一起。

√ 准备长 1.5 米左右的毛线。把毛线的一端在中间的孔和圆片的外边缘之间固定好，然后让孩子拿毛线围着中间的孔不停地缠绕，逐渐盖住纸板。就这样转几圈，直到把毛线用光。

√ 用剪刀从两个圆片外缘中间把毛线全部剪断。

√ 从两个圆片中间的孔中穿一根双股的毛线，打个结系紧。

√ 在圆片上开一个口，方便把纸板抽出来。

√ 如果可以的话，让毛线均匀分布。

最简单的毛线针法是平针。可以先让孩子用平针织一些简单

的图案，比如正方形，让孩子适应毛线针的用法。等孩子掌握了基本针法，就可以尝试织围巾了。围巾织起来比较简单，非常适合新手。等到一降温,孩子就可以骄傲地戴上自己亲手织的围巾啦。孩子还可以把围巾作为礼物送给奶奶。

一开始先让孩子用塑料的针，这种针比木制的针更轻，更容易操作。比较粗的针配合粗的毛线，织起来会比较快。不要用太细的针，因为不容易看出针眼。

教孩子学编织的另外一个选择是只用手进行编织。这种钩织法更加简单。你可以上网找一些演示视频，自己先练习一下，然后再教给孩子——还可以让全家人都参与进来。

网上可以找到适合三岁以上孩子的难度循序渐进的编织活动：制作玩具，装饰房间，或者做衣服（帽子、手套、围巾，等等）。

结束语

一天，我正凝望着西下的夕阳，这时，电话铃响了，是我的仙女朋友打来的。我们之间有一个特别的通话号码。

“怎么样，”她问我，“这本书，你写完了吗？”

“我写没写完，你应该知道呀，要不你怎么是仙女呢？”

“当读者看到书的最后一页时，会是什么感觉呢？”

“你去看看就知道啦……这是一本适合翻阅的书，而不适合像读小说那样读。我们作为引路人，尽我们所能，在书中给出了最好的建议、支持和鼓励。孩子是人类的未来，而家长是孩子的培养者，所以，这是一本写给家长朋友们的书。

“那么你呢，你们仙女接下来打算为人类做些什么呢？”

“呃！你觉得我们为什么托梦让你写出这本书呢？不过我要说，这本书真的不错，插图也很漂亮……这就是我们仙女存在的方式之一呀。如果你留心观察的话，你会在其他的地方发现，我们也在以其他的方式存在着。不过，人类还需要继续努力呀。假如我不是仙女，早上听到人类的新闻，有一些新闻可能会使我感到沮丧。不过，朋友，我们还是要充满希望的，希望未来会更好……”

“那我们什么时候能再见面呢？”

“不久吧，我的朋友，不久之后！”